EXAMEN CRITIQUE ET COMPARÉ

DU

PROJET DE RÉFORME

DU

CODE PÉNAL FRANÇAIS

(PARTIE GÉNÉRALE)

PAR

J. CHAMPCOMMUNAL

DOCTEUR EN DROIT
MEMBRE DE LA SOCIÉTÉ DE LÉGISLATION COMPARÉE
DE LA SOCIÉTÉ GÉNÉRALE DES PRISONS
ET DE L'UNION INTERNATIONALE DE DROIT PÉNAL

(EXTRAIT DU *JOURNAL DES PARQUETS*)

PARIS
LIBRAIRIE NOUVELLE DE DROIT ET DE JURISPRUDENCE
ARTHUR ROUSSEAU, ÉDITEUR
14, RUE SOUFFLOT ET RUE TOULLIER, 13

1896

Imp. G. Saint-Aubin et Thevenot. — J. Thevenot, successeur, Saint-Dizier (Hte-Marne).

EXAMEN CRITIQUE ET COMPARÉ

DU

PROJET DE RÉFORME

DU

CODE PÉNAL FRANÇAIS

(PARTIE GÉNÉRALE)

DU MÊME AUTEUR

Etude sur la succession ab intestat en droit international privé. — Paris, Rousseau, 1892. . . . . 10 fr.

Etude sur la lettre de change en droit international privé (Extrait des *Annales de droit commercial*).— Paris, Rousseau, 1895. 3 fr.

Etude critique de législation comparée sur la tentative. (Extrait de la *Revue critique*). — Paris, Pichon, 1895. . . . . . . 2 fr.

EXAMEN CRITIQUE ET COMPARÉ

DU

PROJET DE RÉFORME

DU

CODE PÉNAL FRANÇAIS

(PARTIE GÉNÉRALE)

PAR

J. CHAMPCOMMUNAL

DOCTEUR EN DROIT
MEMBRE DE LA SOCIÉTÉ DE LÉGISLATION COMPARÉE
DE LA SOCIÉTÉ GÉNÉRALE DES PRISONS
ET DE L'UNION INTERNATIONALE DE DROIT PÉNAL

(EXTRAIT DU *JOURNAL DES PARQUETS*)

PARIS

LIBRAIRIE NOUVELLE DE DROIT ET DE JURISPRUDENCE
ARTHUR ROUSSEAU, ÉDITEUR
14, RUE SOUFFLOT ET RUE TOULLIER, 13

1896

EXAMEN CRITIQUE ET COMPARÉ

DU

PROJET DE RÉFORME DU CODE PÉNAL FRANÇAIS

(PARTIE GÉNÉRALE)

Introduction

Le Code pénal français est le plus ancien de l'Europe (1). Après avoir longtemps servi de modèle, il peut à son tour faire

(1) Voici la date des Codes pénaux de l'Europe avec l'indication des projets de revision dont quelques-uns sont l'objet : Allemagne, 31 mai 1870 (Destiné à la Confédération du Nord, ce Code fut étendu au nouvel Empire le 15 mai 1871 et à l'Alsace-Lorraine le 30 août 1871. Revision du 26 février 1876) ; — Autriche, 27 mai 1852 (projet de réforme présenté en 1874 par M. Glasser, Ministre de la justice, à la Chambre des députés, repris par ses successeurs, par M. Pragack, le 14 novembre 1881, et par le comte Schœnborn, le 12 avril 1889) ; — Belgique, 8 juin 1867 ; — Bosnie et Herzégovine, 1880 ; — Bulgarie (C. pén. turc) ; — Croatie-Slavonie (C. pén. autrichien, projet de 1879) ; — Danemark, 10 février 1866 ; — Espagne, 30 août 1870 (projet soumis aux Cortès en 1885) ; — Finlande, 19 décembre 1889 (suspendu en 1890 et revisé par ordre de l'Empereur); — Grèce, 18-30 décembre 1833 ; — Hollande, 3 mars 1881 ; — Hongrie, C. pén. des crimes et des délits, 28 mai 1878 ; C. pén. des contraventions, 14 juin 1879 ; — Italie, 30 juin 1889 ; — Luxembourg, 18 juin 1879 ; — Malte, 1854 ; — Monaco, 19 décembre 1874 ; — Monténégro (pas de Code) ; — Norwège, 3 juin 1874 (modifié par une loi du 29 juin 1889 qui équivaut à une revision) ; — Portugal, 16 septembre 1886 ; — Roumanie, 30 octobre 1864 ; — Russie, 5 mai 1866 (projet élaboré par une commission nommée en 1881) ; — Saint-Marin, 1865 ; — Serbie, 29 mars 1860 ; — Suède, 16 février 1864 (modifié par les lois du 28 octobre 1887 et du 20 juin 1890) ; — Suisse : chaque canton a un Code : Appenzell (Rhodes-Ext.), 28 avril 1878 ; Argovie, 11 février 1857 ; Bâle-Campagne, 3 février 1873 ; Bâle-Ville, 11 juin 1872 (modifié par la loi du 23 novembre 1893) ; Berne, 30 janvier 1866 ; Fribourg, mai 1868 (entré en vigueur, 1er janvier 1873) ; Genève, 29 octobre 1874 ; Glaris, 21 octobre 1867 (modifié, 22 mai 1887) ; Grisons, 8 juillet 1851 ; Lucerne, 29 novembre 1860 ; Neuchâtel, 12 février 1891 ; Saint-Gall, 4 janvier 1886 ; Schaffouse, 3 avril 1859 (modifié 9 novembre 1891) ; Schwiz, 20 mai 1881 ; Soleure, 12 juillet 1874 ; Tessin, 23 janvier 1873 ; Thurgovie, 10 février 1868; Unterwalden-le-Haut (Obwalden), 20 octobre 1864 ; Valais, 26 mai 1858 ; Vaud, 18 février 1843 ; Zug, 20 octobre 1876 ; Zurich, 8 janvier 1871. Un avant-projet de Code pénal fédéral est à l'étude. Rédigé par M. Carl Stoos sur mission du Conseil fédéral (août 1893), il a été soumis à une commission d'experts et de nouveau publié (1er août 1894) avec les modifications qu'il a subies; — Turquie, 13 février 1861. — En Angleterre, le droit pénal n'est pas codifié. Un projet de Code rédigé par Sir Stephen a été présenté en 1878 à la Chambre des communes qui ne l'a pas approuvé, mais qui a nommé une commission dont ce jurisconsulte fait partie. Le nouveau projet a été publié en 1879 avec un rapport explicatif.

avec avantage de nombreux emprunts aux législations étrangères, qui ont suivi les transformations de l'état social et les progrès de la science juridique (1). Bien des lois, il est vrai, l'ont complété ou modifié en consacrant parfois de très heureuses et même de très audacieuses innovations ; malgré cela, il n'en subsiste pas moins avec ses lacunes et ses imperfections. Une revision complète s'impose.

Dès 1887, le Gouvernement a chargé une commission composée d'éminents jurisconsultes d'élaborer un projet de réforme. Après plusieurs années d'études, en 1892, cette commission a publié les 112 premiers articles (livre 1er) qui constituent la partie générale du futur Code pénal, celle dont la rédaction présente le plus d'importance, celle aussi qui prête le plus aux discussions (2).

Une œuvre aussi considérable appelle l'attention de tous ceux qu'intéresse à un titre quelconque le droit criminel (3). Des observations et des critiques, dont elle peut faire l'objet, finissent par se dégager les modifications et les améliorations qu'elle comporte. L'Italie vient de nous en donner un exemple récent. A combien de travaux de tout ordre et de tout genre le nouveau Code pénal, dont elle est fière à juste titre, n'a-t-il pas donné lieu ? Que de transformations n'a-t-il pas subies avant d'arriver à son état définitif ?

Cette étude a pour objet de mettre en parallèle, sous une

(1) Parmi les causes d'amélioration du droit pénal, il faut citer en première ligne les congrès et les sociétés qui en ont fait l'objet de leurs travaux. En France, la Société générale des Prisons, tant par son Bulletin (*Revue pénitentiaire*) que par ses réunions mensuelles, a rendu les plus grands services. Une mention toute particulière est due également à l'Union internationale du droit pénal qui, depuis sa création, 1889, ne cesse de progresser.

(2) Un savant rapport de M. Bomboy, substitut du Procureur de la République près le Tribunal de la Seine, secrétaire de la commission, en date du 13 juillet 1892, en explique les motifs.

(3) M. Le Poittevin, professeur à la Faculté de droit de Paris, a donné un compte rendu de l'œuvre de la commission dans la *Revue pénitentiaire* de 1893. A l'étranger, M. Gautier, professeur à Genève, a comparé, dans la *Revue pénale suisse* de 1894, le projet de Code pénal français à l'avant-projet de Code pénal fédéral suisse. Enfin, les auteurs qui traitent un sujet spécial ont, en général, soin de mentionner les dispositions du projet qui s'y rapportent ; comme monographie relative à un chapitre du projet, voy. notre *Étude critique de législation comparée sur la tentative* qui a paru dans la *Revue critique* de 1895 (tirage à part).

forme aussi brève que possible, les dispositions nouvelles avec les dispositions actuellement en vigueur et les dispositions des législations étrangères. C'est, en effet, le meilleur moyen d'en découvrir les avantages ou les inconvénients ; il a aussi pour excellent résultat de susciter au lecteur, en lui fournissant les éléments de comparaison, des réflexions personnelles et des jugements justifiés. Suivant l'ordre du projet, nous en reproduisons toutes les rubriques, et nous en citons tous les articles. Lorsqu'un titre ou un chapitre comporte de plus nombreuses divisions, elles sont indiquées en italique. Les textes étrangers, qui se trouvent cités ou mentionnés, ont fait l'objet du plus sérieux examen. Nous espérons ainsi avoir fait disparaître tous les risques d'erreur et avoir fourni d'utiles renseignements. Nous serons heureux si l'appréciation du public répond à nos intentions.

TITRE PREMIER

Des infractions en général et des peines.

Chapitre premier. — Classement des infractions.

Le projet reproduit la classification générale du Code pénal actuel en la mettant d'accord avec son système répressif. « Les infractions à la loi pénale se divisent en crimes, délits et contraventions » (art. 1er). « L'infraction que la loi punit de la mort, de l'emprisonnement perpétuel, de l'emprisonnement ou de la détention de plus de cinq ans est qualifiée crime. — L'infraction que la loi punit de l'emprisonnement ou de la détention de cinq ans au plus ou d'une amende supérieure à 200 fr. est qualifiée délit. — L'infraction que la loi punit des arrêts de police ou d'une amende n'excédant pas 200 francs est qualifiée contravention » (art. 2).

Cette division tripartite a soulevé dans la science juridique les plus vives critiques. D'abord, a-t-on dit, elle est arbitraire : il n'y a aucune raison de faire trois classes d'infractions plutôt que deux ou quatre ou un plus grand nombre. En outre, elle est contraire à la logique et même à la morale ; ce n'est pas la nature de l'infraction qui dépend de la gravité de la peine, c'est la gravité de la peine qui dépend de la nature de l'infraction.

Renverser l'ordre naturel des choses, c'est en quelque sorte dire au public : n'examinez pas la valeur intrinsèque des actions humaines, considérez simplement le châtiment qui leur est infligé.

Présentées sous une forme habile et séduisante par d'éminents criminalistes, ces critiques ont exercé une influence considérable sur le droit positif. Plusieurs Codes, parmi les plus récents, ne distinguent que deux catégories d'infractions : celles qui supposent chez l'agent une intention coupable, ce sont les crimes et les délits ; celles qui se trouvent réprimées sur la simple constatation du fait accompli, ce sont les contraventions (1). Cette innovation ne nous semble pas heureuse, et il faut approuver sans réserve la commission de ce qu'elle maintient la classification traditionnelle. Les attaques dont elle a fait l'objet reposent sur une confusion entre les rôles respectifs du législateur et du juge. Pour graduer les peines, le législateur doit se placer au point de vue de la gravité de chaque infraction ; mais son œuvre achevée, il lui est permis de dire au juge : Les actes, dont je considère la répression comme utile, sont d'une nature bien différente, et, en envisageant leur importance respective, j'ai été amené à les classer en infractions graves que je qualifie *crimes*, en infractions moins graves que je qualifie *délits*, en infractions légères que je qualifie *contraventions*. Pour les distinguer les unes des autres, il vous suffira de rechercher la peine dont je les ai frappées.

Plus on pénètre dans l'étude du droit criminel, plus on apprécie le caractère à la fois simple et pratique de la classification tripartite. La classification bipartite qui, au premier abord, semble préférable, ne présente au contraire que des difficultés, parce qu'elle ne tient pas un compte suffisant des nuances diverses de gravité existant entre les faits punissables, et parce qu'elle ne correspond pas à la division tripartite des juridictions

(1) Cette division est admise par les Codes pénaux danois, espagnol, italien, maltais, norwégien, portugais, suédois, par divers Codes pénaux suisses et par l'avant-projet du Code pénal fédéral. Le projet de codification du droit anglais de 1879 substitue aux deux expressions de *felony* (crime) et *misdemeanor* (délit) une qualification unique : *indictable offences*. Le congrès pénitentiaire international de Paris, 1895, bien que trouvant la division bipartite rationnelle, a reconnu à la division tripartite un caractère pratique qui en justifie le maintien. Sect. 1re, V.

répressives qui existe presque partout. L'Italie nous en offre un exemple saisissant. Son nouveau Code ne reconnait que des délits et des contraventions. Eh bien! un décret du 1er décembre 1889 a dû subdiviser les délits en deux catégories pour en répartir la connaissance entre les Cours d'assises et les Tribunaux correctionnels. N'aurait-il pas mieux valu conserver l'ancienne règle?

Chapitre II. — De l'empire des lois pénales dans le temps.

« Nulle infraction ne peut être punie de peines qui n'étaient pas prononcées par la loi avant que l'infraction fût commise ». Ce principe, que rappelle l'article 3, § 1, du projet, est universellement admis dans le droit moderne. Comme l'a dit M. Thiers, sous une forme pittoresque, le Code pénal est fouet par un bout et sifflet par l'autre.

Lorsque la loi, qui concerne l'infraction à un titre quelconque, a changé depuis sa perpétration, il en résulte les plus vives difficultés. Des conflits de nature très différente sont à prévoir entre les dispositions anciennes et les dispositions nouvelles.

Des conflits relatifs à l'incrimination et à la pénalité. — Le projet consacre la solution qui a prévalu dans la jurisprudence en l'absence de toute règle (1): « Si la peine établie au moment du jugement diffère de celle qui était portée au temps de l'infraction, dispose l'article 3, § 2, la peine la moins forte sera appliquée ». Tout adoucissement profite donc au coupable jusqu'à la condamnation définitive (2); mais à partir de ce moment, il ne produit plus aucun effet. Est-ce juste? Nous ne le croyons pas. Une peine, que le pouvoir social juge inutile ou exagérée, ne doit plus recevoir aucune application. Cette solution, dont

(1) Voy. quelques applications à propos de la loi du 26 mars 1891 : Paris, 6 avril 1891 (Pal. 1891.1.880); — Paris, 9 avril 1891 (Pal. 1891.1.710); — Paris, 21 avril 1891 (Pal. 1891.1.712).

(2) Si le changement intervient après le pourvoi en cassation, la Cour suprême, tout en rejetant le pourvoi, puisque la décision attaquée était irréprochable au moment où elle a été rendue, renvoie devant la juridiction qui a déjà statué pour qu'elle supprime ou diminue la peine prononcée. Cass., 19 juin et 20 juin 1885 (S. 1886.1.45).

l'histoire de notre législation offre divers exemples (1), demanderait à être exprimée sous une forme générale (2).

Conflits relatifs à la procédure. — Toutes les fois que les pouvoirs publics se sont prononcés, la rétroactivité a été admise. L'accusé ne peut, en effet, demander à la loi qu'une chose : le moyen de faire reconnaître son innocence : or, tout changement de forme est présumé présenter de plus sérieuses garanties.

Cette solution, facilement acceptée en principe, soulève à l'égard de la compétence une vive controverse à laquelle il conviendrait de mettre fin. Le mieux ne serait-il pas de prononcer la rétroactivité, à moins qu'il ne soit intervenu sur le fond un jugement en premier ressort (3) ?

Conflits relatifs à la prescription. — Si le silence du projet à l'égard des conflits de compétence est regrettable, il l'est encore davantage à l'égard des conflits de prescription. Une disposition est d'autant plus nécessaire que cette question est peut-être celle où la solution se dégage le moins nettement des principes généraux (4).

Chapitre III. — De l'empire des lois pénales dans l'espace.

La juridiction la plus naturellement compétente pour punir une infraction est celle du pays où elle est commise, puisque c'est là que se produit le trouble social qui légitime la répression. Et, en effet, si l'on excepte les pays de capitula-

(1) D., 5 septembre 1792, art. 5 ; L., 31 mai 1854, art. 6 ; L., 27 mai 1885, art. 19.

(2) En ce sens : Code pénal espagnol, art. 22-23 ; Code pénal italien, art. 2, § 2 et décret du 1er décembre 1889 sur l'application du nouveau Code, art. 36-41 ; Code pénal portugais, art. 6 ; Code pénal du canton du Tessin, art. 8.

(3) Ce tempérament est admis par la Cour de cassation : 7 juillet 1871 (S. 1871.1.83) ; 18 février 1882 (S. 1882.1.185).

(4) Quatre systèmes sont en présence : 1° il faut appliquer la loi contemporaine de l'infraction ou de la condamnation ; 2° il faut appliquer la loi nouvelle ; 3° il faut appliquer les lois successives en proportion du temps qui a couru sous l'empire de chacune d'elles ; 4° il faut appliquer la loi la plus favorable au délinquant. C'est en ce dernier sens que se prononce la jurisprudence : Cass., 25 novembre 1830 (S. 1831.1.392). Tel est aussi le système que consacre le Code pénal du canton du Tessin, art. 87, le seul qui ait prévu cette question.

tions (1), il est admis partout comme conséquence de la souveraineté que les actes illicites, dont quiconque se rend coupable sur un territoire, sont soumis à l'empire absolu de la loi qui y est en vigueur. Mais, si la loi pénale est nécessairement et avant tout territoriale, il n'en résulte pas qu'elle ne soit que territoriale (2). Le principe de souveraineté, sur lequel elle repose, conduit à décider que chaque État a le droit de réprimer les infractions accomplies hors de ses frontières, lorsque son intérêt le commande. Cette théorie, qui triomphe dans le droit de presque tous les peuples, occasionne les plus graves conflits, car elle est de nature à compromettre ce principe de justice : le même fait ne doit jamais encourir un double châtiment.

Les dispositions relatives à l'empire des lois pénales dans l'espace se trouvent contenues dans les articles 5, 6 et 7 du Code d'instruction criminelle modifiés par la loi du 27 juin 1866. Le projet de révision de ce Code, qui a déjà subi une partie des épreuves de la procédure parlementaire, consacre aussi plusieurs articles au même sujet (3). De son côté, la commission de réforme du Code pénal transporte dans le projet qu'elle a élaboré le règlement de ce grave problème. Cette méthode est la meilleure. Il ne s'agit pas d'une question de procédure, et il est étrange que les règles applicables aux conflits entre les lois nationales et les lois étrangères ne soient pas exposées dans le même Code que les règles applicables aux conflits entre les lois nouvelles et les lois anciennes (4).

Les projets reproduisent le système actuellement en vigueur avec certaines améliorations ; il reste cependant beaucoup à faire pour arriver au droit désirable.

(1) En vertu d'une fiction juridique fort contestable, les délinquants sont même réputés se trouver sur le sol de leur patrie, et les infractions dont ils se rendent coupables doivent être réprimées de même que si elles y avaient été commises. Comme application de ce principe, voy. not. Aix, 17 novembre 1883 et Cass., 5 janvier 1884 (S. 1885.1.517 ; D. 1884.1.432).

(2) En Angleterre, le principe général est toujours celui de la stricte territorialité ; sur les exceptions qu'il comporte, voy. *Journal du droit international privé*, 1887, p. 130.

(3) Nous indiquons en note les principales observations qu'il suscite.

(4) La Belgique est une des rares nations de l'Europe qui persistent à faire figurer cette matière dans le Code de procédure pénale ; elle se trouve réglée actuellement par la loi du 17 avril 1878 contenant le titre préliminaire du Code de procédure pénale.

Deux situations sont à prévoir : 1° le crime ou le délit a été commis à l'étranger et la poursuite a lieu en France ; 2° le crime ou le délit a été commis en France et la poursuite a lieu à l'étranger.

1° Les conditions fondamentales de la poursuite restent les mêmes. « Tout Français qui, hors du territoire de la France, s'est rendu coupable d'un crime ou d'un délit puni par la loi française peut être poursuivi et jugé en France. — Toutefois, s'il s'agit d'un délit, le Français ne peut être poursuivi et jugé en France que si le fait est puni par la législation du pays où il a été commis. Dans ce cas, et si le délit a été commis contre un particulier français ou étranger, la poursuite doit être précédée d'une plainte de la partie offensée ou d'une dénonciation officielle à l'autorité française par l'autorité du pays où le délit a été commis ; elle ne peut être intentée qu'à la requête du ministère public » (art. 4). — « Tout étranger qui, hors du territoire de la France, s'est rendu coupable, soit comme auteur, soit comme complice, d'un crime attentatoire à la sûreté de l'Etat, ou de contrefaçon du sceau de l'Etat, de monnaies nationales ayant cours, de papiers nationaux, de billets de banque autorisés par la loi, peut être poursuivi et jugé d'après les dispositions des lois françaises, s'il est arrêté en France ou si le gouvernement obtient son extradition » (art. 8).

Cette inégalité de traitement entre les Français et les étrangers, qui peut dans certains cas assurer l'impunité au coupable, n'est pas sans présenter de très sérieux inconvénients pratiques. Pour les éviter, il suffirait d'autoriser l'exercice de l'action publique contre les délinquants sans distinction de nationalité, toutes les fois que, pour une raison quelconque, l'Etat sur le territoire duquel l'infraction a été commise ne demanderait pas l'extradition, la refuserait ou ne pourrait l'obtenir (1).

(1) Conf. Code pénal autrichien, art. 39-40 ; Code pénal bosniaque et herzégovien, art. 76 ; Code pénal hongrois, art. 9 ; Code pénal italien, art. 6, § 3. — Divers Codes se bornent à autoriser la poursuite, lorsque l'infraction a été commise contre un national : Code pénal finlandais, ch. I, § 2, al. 2 ; Code pénal norwégien, ch. 1, § 2 ; Code pénal suédois, ch. I, § 2 ; la plupart des Codes cantonaux suisses et l'avant-projet de Code pénal fédéral, art. 3, § 2. — Le Code pénal hollandais décide, dans son art. 5, § 2, introduit sur la demande de la commission des rapporteurs à la seconde chambre, que « la

La répression de l'acte illicite par l'autorité locale sauvegardant pleinement l'ordre public, faut-il en conclure que la chose jugée à l'étranger empêche une nouvelle poursuite en France? Cette règle, que consacre le Code d'instruction criminelle (1), est irréprochable, lorsque le coupable a été renvoyé des fins de la prévention ; elle présente, au contraire, une grave lacune lorsque la poursuite a abouti à une condamnation. L'extradition des nationaux n'étant généralement pas admise, le coupable, qui parvient à se soustraire à l'exécution de la peine, et qui se réfugie dans sa patrie, se trouve à l'abri de toute sanction répressive, à son grand profit mais au détriment de la justice distributive. Le défaut de la loi, qui a été bien souvent signalé, se trouve corrigé par l'article 5 du projet : « Dans tous les cas aucune poursuite n'a lieu si l'inculpé prouve qu'il a été jugé définitivement à l'étranger, *et qu'il a subi sa peine ou obtenu sa grâce* » (2).

Si le texte actuellement en vigueur est incomplet, la nouvelle disposition donne prise à son tour à une objection : que décider au cas où une partie de la peine a seule été subie? La poursuite reste-t-elle encore possible? (3) Admettre l'affirmative, c'est faire preuve d'une trop grande rigueur ; admettre la négative, c'est au contraire faire preuve d'une trop grande indulgence. Logiquement, la règle doit être complétée par son corollaire naturel : si l'inculpé prouve qu'il a subi une partie de la peine, cette partie sera imputée sur la nouvelle peine qui est

poursuite peut avoir lieu même au cas où le prévenu n'est devenu Néerlandais qu'après avoir commis le fait ». Même disposition dans le Code pénal allemand, § 4 ; Code pénal hongrois, art. 10 ; projet Code pénal espagnol, art. 9.

(1) Le projet du Code d'instruction criminelle reproduit cette règle sans modification.

(2) Une semblable disposition existe dans les lois de presque tous les Etats. — Elle a reçu l'approbation de l'Institut de droit international qui, en 1883, dans sa session de Munich, s'est occupé des conflits des lois pénales. Art. 12 du projet voté.

(3) Le Code pénal italien contient une disposition analogue, art. 7, 2°, qui soulève une vive controverse ; la jurisprudence décide qu'aucune poursuite n'est possible lorsque le condamné a subi une partie de la peine. Cour d'appel de Venise, 28 juin 1889 (*La legge*, 1890.1.205). — Cette difficulté d'interprétation est encore une nouvelle preuve de la nécessité de reviser l'art. 5 du projet.

prononcée contre lui. Une semblable restriction, qui existe déjà dans les lois de plusieurs pays (1), ne pourrait soulever qu'une objection provenant des divergences du droit positif : la difficulté pratique d'établir une compensation entre deux quantités de nature différente. Il est facile de répondre que, depuis la loi du 15 novembre 1892, on compense bien la prison préventive avec les travaux forcés, la réclusion et la détention, toutes peines qui n'ont avec elle aucun rapport. La difficulté est aussi grande ; mais elle n'est pas plus grande. Il n'y a du reste, comme pour l'imputation de la prison préventive, aucun inconvénient à laisser au juge un certain pouvoir d'appréciation (2).

Si le jugement étranger — suivi de l'exécution de la peine en cas de condamnation — a pour effet d'éteindre l'action publique, il ne devrait cependant pas empêcher la poursuite en ce qui concerne les crimes attentatoires à la sûreté ou au crédit de l'Etat (3). Le projet, au lieu de reproduire la rédaction ambiguë du Code d'instruction criminelle, aurait dû mettre fin à la controverse par une disposition précise. D'une part, l'Etat français est directement intéressé à réprimer les infractions de cette nature, car c'est contre lui que l'attentat est dirigé, et, d'autre part, les Etats étrangers n'ont qu'un intérêt tout à fait secondaire à leur châtiment. Il conviendrait seulement, dans ce cas comme dans les autres, d'admettre l'imputation de la peine déjà subie. Il y a là un acte de justice qui ne compromet en rien la répression.

C'est la présence du criminel qui justifie la poursuite par l'inquiétude et l'alarme qu'elle cause. Le projet a donc raison de continuer à exiger son retour (4) et d'ajouter, pour faire

(1) Code pénal allemand, § 7 ; Code pénal autrichien, art. 36 ; L. belge, art. 13 ; Code pénal danois, art. 7 ; Code pénal finlandais, ch. I, § 5 ; Code pénal italien, art. 8 ; Code pénal hongrois, art. 13-14 ; Code pénal portugais, art. 53 ; projet Code pénal russe, art. 8, 3o ; projet Code pénal espagnol, art. 8 ; plusieurs Codes suisses et avant-projet Code pénal fédéral, art. 3, §§ 1 et 2 ; projet de l'Institut du droit international, art. 12, § 5.

(2) Il faut imputer, en vertu de la loi de 1892, la détention subie à l'étranger avant l'extradition : Douai, 8 février 1893 (S. 1893,2,40).

(3) C'est ce qu'admettent la plupart des Codes étrangers.

(4) La loi belge de 1878, art. 12, en fait aussi une condition essentielle de

disparaître les hésitations que suscite le silence du texte actuel (1), que ce retour doit être volontaire (2). « Aucune poursuite, porte l'article 6, n'a lieu avant le *retour volontaire* de l'inculpé en France, *si ce n'est pour les crimes énoncés en l'article 8 ci-après* ». L'exception indiquée *in fine* se rapporte aux crimes attentatoires à la sûreté ou au crédit de l'Etat. Chose étonnante ! L'étranger n'est dans les mêmes circonstances punissable que « s'il est arrêté en France ou si le gouvernement obtient son extradition » (art. 8). Puisque la nature même du fait motive une répression exceptionnelle, la loi n'a pas, quant aux formes de la poursuite, à tenir compte de la nationalité de l'agent. Toute distinction est irrationnelle.

Le crime ou le délit commis en pays étranger est poursuivi et jugé en France suivant les dispositions de la loi française. D'après quelques législations (3), au contraire, les tribunaux doivent prononcer la peine la plus douce édictée par les deux lois en concurrence, et régler le conflit entre la loi nationale et la loi étrangère comme se règle le conflit entre la loi ancienne et la loi nouvelle. Cette dernière solution est la meilleure, nul n'étant mieux placé pour déterminer la répression que le droit du pays où l'ordre public a été troublé ; elle s'impose même comme une nécessité, lorsque la poursuite peut atteindre les étrangers. Du moment que la loi pénale doit avertir avant de frapper, comment infliger à l'agent un châtiment qu'il ne pouvait prévoir ? La véritable objection résulte des difficultés pra-

la poursuite. Dans le même sens, voy. avant-projet Code pénal fédéral suisse, art. 3, § 2.

(1) La Cour d'assises de la Seine, 20 mars 1846, puis la Cour de cassation, 22 janvier 1847 (S. 1847,1,316) avaient admis qu'il était inutile de distinguer entre le retour volontaire et le retour involontaire. Mais cette jurisprudence a été depuis abandonnée : Aix, 8 janvier 1857 et Cass., 5 février 1857 (S. 1857,1,220) ; Aix, 22 avril 1868 (S. 1868,2,302). Conf. Nancy, 11 avril 1889 (*Journal du droit international privé*, 1889, p. 663).

(2) La loi belge repoussant toute distinction autorise la poursuite « si l'inculpé est trouvé en Belgique ».

(3) Code pénal allemand, § 4 *in fine* ; Code pénal autrichien, art. 40 ; Code pénal hongrois, art. 12 ; plusieurs Codes cantonaux suisses, notamment ceux de : Argovie, art. 2 ; Lucerne, art. 3 ; Saint-Gall, art. 4 ; Schaffouse, art. 3 ; Soleure, art. 4 ; Tessin, art. 6 ; Valais, art. 14 ; Zug, art. 2 ; projet Code pénal russe, art. 8, 3° ; projet de l'Institut du droit international, art. 11. — Voy. aussi Code pénal italien, art. 5-6.

tiques d'application, qui ne sont peut-être pas aussi considérables qu'elles le paraissent au premier abord.

2° En reconnaissant à une souveraineté étrangère le droit de juger un Français qui s'est rendu coupable d'un crime ou d'un délit en pays étranger, la loi française entend évidemment faire respecter sur son territoire le principe de la souveraineté territoriale qu'elle ne méconnait pas dans son application aux autres nations. Le jugement rendu par un tribunal étranger, à raison de l'infraction commise par un étranger en France, n'arrêterait donc pas la poursuite exercée à raison du même fait devant un tribunal français (1). Toutefois, il serait équitable de décider que le procès ne pourrait plus être recommencé, lorsqu'il aurait été préalablement intenté, dans le pays où l'agent s'est réfugié, à la suite d'une demande officielle du gouvernement. L'État dont l'ordre public a été troublé ayant donné mission de statuer à la juridiction étrangère, sa souveraineté territoriale se trouve sauvegardée. Cette exception, qui devrait s'appliquer à toutes les infractions (2), est admise par le projet mais restreinte aux délits. C'est ce que décide l'article 5, § 2 : « Il en sera de même (ne pourra être poursuivi) de l'étranger qui, pour un délit commis en France, aurait été jugé définitivement à l'étranger sur la plainte du gouvernement français ».

Bien que cette exigence ne se trouve pas exprimée en termes formels, il est certain qu'en cas de condamnation la peine doit avoir été subie ou la grâce obtenue. Le paragraphe 2 de l'article 5 se relie intimement au paragraphe 1er.

Le retour de l'agent constitue-t-il aussi une condition indispensable de la poursuite ? L'article 6 semble avoir une portée

(1) Cass., 21 mars 1862 (S. 1862,1,541) ; 11 septembre 1873 (S. 1874,1,335 ; D. 1874,1,133) ; Cour d'assises Seine-et-Oise, 9 janvier 1883 (S. 1883,2,46) ; 17 novembre 1886 (*Journal des Parquets*, 1887, art. 88). — Voy. toutefois en sens contraire : Douai, 31 décembre 1861 (S. 1862,1,552) ; Cour d'assises Pyrénées-Orientales, 18 juillet 1870 (S. 1871,2,153 ; D. 1870,2,171).

(2) C'est ce qu'a admis la commission de la Chambre des députés saisie du projet de réforme du Code d'instruction criminelle. Après les mots de l'art. 7 : « toutefois, qu'il s'agisse d'un crime ou d'un délit, aucune poursuite n'a lieu si l'inculpé prouve qu'il a été définitivement jugé », elle ajoute : « il en sera de même de l'étranger qui, pour un crime ou un délit commis en France, aurait été définitivement jugé à l'étranger sur la plainte du gouvernement français ».

générale. En cas de silence du législateur, les principes généraux conduiraient à la solution contraire, qui est plus rationnelle.

La loi territoriale devant seule être consultée à l'égard des infractions commises en France, la question d'atténuation de la pénalité ne peut évidemment pas se poser. Il serait toutefois juste d'admettre l'imputation de la peine subie à l'étranger pour le même fait.

Lorsque la justice française est compétente, il importe de déterminer le tribunal qui doit être saisi dans chaque affaire particulière. L'article 7 du projet, reproduisant textuellement l'article 6 du Code d'instruction criminelle, dispose : « La poursuite est intentée à la requête du ministère public du lieu où réside le prévenu ou du lieu où il peut être trouvé. — Néanmoins la Cour de cassation peut, sur la demande du ministère public ou des parties, renvoyer la connaissance de l'affaire devant une Cour ou un tribunal plus voisin du lieu du délit ».

Dans l'état actuel du droit français, le jugement répressif rendu à l'étranger ne produit qu'un résultat purement négatif : l'extinction de l'action publique. Le condamné (1) rentre dans sa patrie avec la plénitude de ses droits politiques, civiques et civils (2) ; il ne se trouve soumis à aucune mesure de police. Au point de vue juridique, il n'a pas d'antécédents judiciaires : il peut donc bénéficier du sursis qu'a organisé la loi du 26 mars 1891 (3), et les peines de la récidive ne lui sont pas applicables (4). Les juges n'ont que la faculté dans

(1) Nous admettrions cependant que, si l'agent a été condamné par le juge de sa patrie, les incapacités et les déchéances le suivent en tous pays. *Sic*, Résolution du Congrès pénitentiaire international de Paris, 1895, sect. 1°, III.

(2) Trib. Seine, 23 janvier 1835 (S. 1836,2,70) ; Cass., 16 février 1842 (S. 1842,1,474) ; 14 avril 1868 (S. 1868,1,183 ; D. 1868,1,262). — Conf : Cass. Belgique, 10 septembre 1869 (*Pasicrisie*, 1869,1,480) ; 26 décembre 1876 (*eod. loc.*, 1877,1,60) ; Cour d'appel Gênes, 19 décembre 1877 ; Cass. Turin, 14 décembre 1878 (*Journal du droit international privé*, 1881, p. 440) ; Cour d'appel Copenhague, 16 août 1887 (*eod. loc.*, 1888, p. 133) ; Cour suprême Copenhague, 13 janvier 1889 (*eod. loc.*, 1891, p. 1016). — *Contrà* : Sénat russe, 13 mai 1868 (*eod. loc.*, 1874, p. 47).

(3) Voy. une décision rendue, en Belgique, à propos de la loi du 31 mai 1888 qui établit le même principe : Trib. Bruges, 21 juin 1888 (*Pasicrisie*, 1889,3,45).

(4) Cass., 3 juillet 1863 (D. 1865,5,318) ; Aix, 14 avril 1875 (D.1876,2,108) ;

leur appréciation générale de tenir un compte purement moral de sa conduite antérieure. Ces résultats sont aussi mauvais que dangereux (1) ; le changement de pays ne saurait correspondre à un brevet d'honnêteté, et restituer les droits dont la jouissance suppose la bonne renommée. Le projet de Code pénal ne propose aucune amélioration ; cette lacune doit être hautement signalée, car il serait déplorable qu'elle subsistât dans la rédaction définitive.

En ce qui concerne les incapacités, les lois étrangères ou les projets à l'étude donnent plusieurs solutions. Celle qui prévaut nécessite l'organisation d'une nouvelle instance, entièrement indépendante de l'action principale. Une action — qualifiée dans le langage courant d'action spéciale en déchéance — est intentée contre le condamné devant une juridiction du pays où il se réfugie ; cette juridiction, si elle le trouve bon, lui applique la peine privative de droit qu'elle lui aurait infligée si, dès l'origine, elle avait été saisie du procès. Chaque peine ainsi respectivement prononcée s'applique dans les limites du territoire mais ne les dépasse pas. L'ordre public se trouve sauvegardé sans qu'il y ait empiétement de souveraineté (2).

La procédure, que nous venons de décrire, n'est pas aussi inconnue du droit français qu'on pourrait le supposer. L'action disciplinaire, qui a pour effet de priver certaines personnes soumises au contrôle d'une juridiction spéciale des titres, charges, privilèges ou honneurs dont elles sont investies, n'en diffère que par sa moins grande étendue. Il y a mieux. La loi du 30 no-

Besançon, 15 janvier 1879 (S. 1879,2,104) ; Nancy, 11 avril 1889 (*Journal du droit international privé*, 1889, p. 663). — Conf. Trib. Empire allemand, 7 juillet 1890 (*eod. loc.*, 1891, p. 981) ; 12 juin 1890 (*eod. loc.*, 1892, p. 1192).

(1) Et même contradictoires. Voy. Décrets, 2 février 1852, art. 15, n° 17 et 8 décembre 1883, art. 2, n° 8.

(2) Code pénal allemand, art. 37 ; Code pénal Finlandais, ch. I, § 5 ; Code pénal hongrois, art. 15 ; Code pénal suédois, ch. II, § 21 ; Code pénal du canton de Vaud, art. 31 ; projet autrichien, art. 47 devenu dans le texte amendé par la commission de la Chambre des députés, art. 45 ; avant-projet Code pénal fédéral suisse, art. 30, § 3. — Le Code pénal italien et le Code pénal du canton de Neuchâtel admettent un système différent. Le premier, art. 7, fait résulter la déchéance de la décision étrangère rendue exécutoire ; le second, art. 37, la fait résulter de plein droit (sauf certaines restrictions) de cette décision. — L'action spéciale en déchéance a reçu la haute approbation du Congrès pénitentiaire international de Paris, 1895, sect. 1°, III.

vembre 1892 *sur l'exercice de la médecine* qui, dans son article 25, autorise les Cours et Tribunaux à prononcer, accessoirement à la peine principale, contre tout médecin, officier de santé, dentiste ou sage-femme condamnés pour certains crimes ou délits, la suspension temporaire ou l'incapacité absolue de l'exercice de leur profession, ajoute : « En cas de condamnation prononcée à l'étranger pour un des crimes et délits ci-dessus spécifiés, le coupable pourra également, à la requête du ministère public, être frappé par les tribunaux français de suspension temporaire ou d'incapacité absolue de l'exercice de sa profession ». C'est, dans un cas particulier, la consécration de l'action spéciale en déchéance. Au lieu d'une exception, il suffirait d'en faire une règle générale pour remédier à tous les inconvénients.

Les incapacités, qui résultent des condamnations pénales, n'ont pas seulement pour but d'infliger une flétrissure au coupable, elles servent aussi à assurer l'honnêteté dans l'accomplissement des actes de la vie sociale. Cette mesure n'est pas la seule ; d'autres protègent encore plus énergiquement la sécurité publique. Le projet de Code pénal russe (art. 9) a pensé qu'il y avait lieu de les édicter contre celui qui encourt une condamnation à l'étranger. Cette extension de l'action spéciale en déchéance qui devient aussi une action en mesures préventives est excellente ; il serait à désirer qu'elle s'introduisit dans notre droit. Le législateur devrait dire, sauf meilleure rédaction : en cas de condamnation à l'étranger pour crime ou délit entraînant ou pouvant entraîner, d'après la loi française, une ou plusieurs peines accessoires, cette peine ou ces peines accessoires pourront être prononcées par les tribunaux à la requête du ministère public (1).

S'il convient d'organiser une action spéciale en déchéance et mesures préventives, il n'est pas moins utile de tenir compte dans la détermination de la culpabilité des condamnations étrangères (2). Actuellement, la science s'émeut de ce principe traditionnel qui, sans aucune raison sérieuse, exige que les juri-

(1) L'initiative de la partie lésée pourrait être inopportune et entraîner des difficultés d'ordre international.

(2) Résolution votée par le Congrès pénitentiaire international de Paris, 1895, sect. 1°, III.

dictions des différents pays méconnaissent en quelque sorte leurs arrêts respectifs, et condamnent comme pour une première fois les habitués des prétoires étrangers. On tend peu à peu à considérer que les tribunaux des peuples civilisés étant dans leurs ressorts respectifs les représentants de la justice et de la sécurité sociale, leurs décisions, loin de se nuire, doivent se prêter un appui réciproque. Cette tendance doctrinale commence à pénétrer dans le domaine du droit positif (1) ; l'assistance mutuelle des Etats contre le crime, si jamais elle se réalise, sera féconde en résultats pratiques. Malheureusement, les traditions sont tenaces, et celle-ci, bien que sérieusement atteinte, persiste grâce à un préjugé que rien ne justifie. Puisque le progrès juridique procède par une lente évolution, le législateur, au lieu d'imposer l'aggravation de pénalité, pourrait la subordonner à l'appréciation des tribunaux. Ainsi se trouveraient dissipées les craintes que des esprits timorés peuvent concevoir.

Chapitre IV. — De l'étendue d'application du Code.

Le projet a pour but de remplacer le Code pénal actuel ; mais il ne touche en rien aux Codes des armées de terre et de mer. De là, la disposition de l'article 9 : « Les dispositions du présent Code ne s'appliquent pas aux contraventions, délits et crimes militaires ».

TITRE II

Des peines.

CHAPITRE PREMIER. — DES PEINES ET DE LEUR MODE D'EXÉCUTION.

L'article 10 énumère et classe les peines : « Les peines se divisent en deux catégories : 1° *Peines principales* : la mort, l'em-

(1) Les lois luxembourgeoise (10 mai 1892, art. 7) et genevoise (29 octobre 1892, art. 1er), qui ont introduit le bénéfice du sursis à la condamnation, assimilent les condamnations étrangères aux condamnations nationales. — Le Code pénal de Neuchâtel tient compte des condamnations étrangères pour la récidive, art. 96, conf. art. 20 et 91. — L'avant-projet Code pénal fédéral suisse reproduit ces dispositions, art 39 et 47.

prisonnement perpétuel ou temporaire, la détention, les arrêts de police, l'amende ; 2° *Peines accessoires* : la relégation, l'interdiction de certains droits politiques ou civils, l'interdiction de séjour, le placement dans un établissement de travail, la confiscation spéciale, la publication du jugement ». A la liste des peines accessoires, il faut joindre l'interdiction légale, qui, sans raison déterminante, occupe un chapitre spécial : le chapitre IV.

Le projet supprime l'antique distinction des peines en peines afflictives et peines infamantes (1). A vrai dire, elle avait de quoi surprendre. Toute peine est naturellement afflictive et aucune n'est infamante, puisque le châtiment a pour but de faire disparaître l'infamie. Ce caractère de la répression, que la philosophie moderne a nettement dégagé, explique et justifie en même temps la réforme.

Les peines accessoires sont celles du droit actuel ; le placement dans un établissement de travail vient même en augmenter le nombre. Les peines principales comportent au contraire une simplification très considérable. Le bannissement et la dégradation civique (2) ne figurent plus dans la liste ; quant aux peines coloniales, dont l'expérience a révélé les inconvénients, sous leur forme actuelle (3), elles ne sont conservées qu'à titre accessoire comme complément du châtiment ou comme récompense des condamnés qui s'en montrent dignes (4). A la hié-

(1) Elle disparaît de tous les Codes de l'Europe ; quelques-uns prennent même la précaution de dire qu'aucune peine n'est infamante.

(2) Le bannissement, dont l'ancien droit faisait un si grand usage, est de plus en plus abandonné ; il en est de même de la dégradation civique — ou de l'interdiction des droits qui souvent la remplace — considérée comme peine principale.

(3) Sur la part qui peut être faite à la transportation, voy. part. : J. Reinach, *Les récidivistes* ; Paul Leroy-Beaulieu, *La colonisation chez les peuples modernes* ; Léveillé, *La Guyane et la question pénitentiaire coloniale* (forçats et récidivistes), et la série d'articles que l'éminent professeur a publiés dans le journal : *le Temps* ; Foïnitski et Bonet-Maury, *La transportation*. — Voy. aussi les discussions aux Congrès pénitentiaires internationaux de Stockholm, 1878, et de Paris, 1895.

(4) Une proposition de loi tendant à faire précéder la transportation d'un internement cellulaire de 8 ans, lorsque les travaux forcés sont substitués à la peine de mort en vertu des circonstances atténuantes ou de la grâce, a été déposée au Sénat le 21 juin 1887 par MM. Bérenger, Bardoux et de Marcère ; elle a été votée en mars 1888, sauf la réduction à 6 ans. La commis-

rarchie compliquée, qui, après quelques changements, subsiste depuis 1810, se trouve substituée une échelle très réduite : trois peines s'appliquant à trois catégories d'infractions distinctes (1). L'emprisonnement est la peine normale. La détention, dont le régime est plus doux, se trouve destinée aux infractions qui ne dénotent pas une complète perversité. Les arrêts de police servent à punir les contraventions et même les délits très atténués (2).

Tels sont les principes généraux ; entrant dans les détails, nous allons en étudier le fonctionnement.

§ 1er. — Mort.

La peine de mort, dans tous les temps et dans tous les pays, a été vivement attaquée. Au moment de la refonte d'une législation criminelle, la question de son maintien ou de sa suppression se pose forcément au premier plan ; c'est elle qui a retardé de plusieurs années le vote du Code pénal italien. En France, il n'en sera vraisemblablement pas ainsi ; les crimes anarchistes, en surexcitant l'opinion publique, ont rendu la réforme plus difficile que jamais. L'avenir dira si l'amélioration des lois répressives et le perfectionnement du régime pénitentiaire donnent à la société des armes de défense assez puissantes, pour qu'elle renonce sans imprudence (3) au dernier

sion de la Chambre saisie du projet a proposé une refonte complète de la peine des travaux forcés qui se subiraient dans des établissements spéciaux de répression ; la transportation serait la récompense de la bonne conduite. Rapport de M. Haussmann, *J. off.*, 6 août 1890, *Ann.* n° 902, p. 1648. Comme critique, voy. le rapport que M. Léveillé a déposé sur le bureau de la Chambre des députés le 26 juin 1895.

La transportation des condamnés aux colonies, comme peine principale, n'existe plus qu'en France en Espagne, en Portugal, et en Russie. L'Angleterre y a renoncé sur le refus de ses colonies de recevoir de nouveaux « *convicts* ».

(1) Ce système pénal est celui qu'adoptent les Codes les plus récents. — Le Code pénal hollandais admet une simplification plus considérable ; il ne reconnaît, en dehors de la peine de simple police, qu'une peine privative de liberté : l'emprisonnement, dont la durée différencie seule la rigueur.

(2) Rapport, p. 18.

(3) Des statistiques intéressantes prouvent qu'en Belgique (*Bull. Soc. pr.*, 1886, p. 160) et en Hollande (*id.*, 1894, p. 403) la criminalité a diminué depuis la suppression de la peine de mort. Dans le même sens, voy. encore : *Relatorio apresentado a Camara dos Senhores deputados pelo Ministro de Justica*, Lisbonne, 1884, p. 48.

châtiment corporel, ainsi que l'ont fait divers Etats de l'Europe (1).

Les modes d'exécution varient suivant les pays (2) ; mais, dans tous ceux où la civilisation a pénétré, on ne trouve plus ces

(1) Hollande, 17 septembre 1870 ; Italie, Code pénal, 30 juin 1889 applicable à partir du 1er janvier 1890 (avant la promulgation du nouveau Code, la peine de mort n'existait pas en Toscane ; supprimée dans cet Etat dès 1786, rétablie en 1790, puis supprimée en 1848 pour être encore rétablie en 1852, elle avait définitivement disparu le 30 avril 1859) ; Portugal (restée sans application pendant 29 ans elle a été abolie par une loi du 1er juillet 1867, à une majorité de 98 voix contre 2 à la Chambre des députés et à l'unanimité au Sénat) ; Roumanie, 30 octobre 1864 ; République de Saint-Marin, 1849 ; Suisse (supprimée depuis longtemps dans plusieurs cantons, la peine de mort fut abolie par l'art. 65 de la Constitution fédérale du 29 mai 1874. A la suite de pétitions, la loi du 18 mai 1879 revisa cet article en permettant à chaque canton de rétablir le châtiment suprême ; quelques cantons ont profité de cette autorisation : Appenzel, Rhodes-intérieures, 25 avril 1880 ; Unterwalden-le-haut, 25 avril 1880 ; Uri, 2 mai 1880 ; Schwitz, 20 mai 1881 ; Zug, 1er juin 1882 ; Saint-Gall, 2 décembre 1882 ; Lucerne, 6 mars 1883 ; Valais, 24 novembre 1883 ; Schaffouse, 9 avril 1893 ; Fribourg, 24 novembre 1894. L'avant-projet du Code pénal fédéral propose la suppression de la peine de mort). — La peine de mort avait été abolie dans plusieurs Etats de la Confédération de l'Allemagne du Nord : en Saxe, dans le grand-duché d'Oldenbourg, dans les duchés d'Anhalt, Bernbourg et Brême, dans le duché de Brunswick. Lors de la discussion d'un Code pénal pour toute la Confédération, le Parlement se prononça, à la 2e lecture, par 118 voix contre 81, en faveur de la suppression de la peine de mort ; l'énergique intervention de M. de Bismark la fit seule maintenir à la 3e lecture. Le Code pénal actuel ne l'admet que pour l'attentat à la vie de l'Empereur ou des souverains des Etats confédérés (art. 80) et l'assassinat (art. 211). — La peine de mort conservée en Belgique dans le Code pénal (art. 9) n'est jamais appliquée en fait : toutes les condamnations capitales font l'objet d'une commutation. Au Monténégro, la peine de mort n'est jamais infligée aux femmes, et, en Russie, elle ne réprime que les crimes d'ordre social présentant un caractère de gravité tout à fait exceptionnel. La commission chargée d'élaborer un projet de réforme du Code pénal s'est montrée favorable à son abolition, mais comme la question lui a paru plus politique que juridique, elle a laissé au Sénat le soin de décider. — Bien que cette étude ait pour objet le droit de l'Europe, il faut cependant ajouter que la peine de mort n'existe plus dans divers Etats de l'Amérique du Nord et de l'Amérique du Sud et dans l'île de Taïti. — Partout où le châtiment suprême subsiste, son champ d'application se restreint, et les exécutions diminuent par suite d'une large application du droit de grâce.

(2) La peine de mort s'exécute : en Allemagne, par la décapitation (art. 13, C. pén.) ; en Angleterre, par la pendaison ; en Autriche, par la pendaison : en Belgique, par la guillotine (mais en fait la peine de mort n'y est plus appliquée) ; en Bulgarie, par la pendaison ; en Danemark, par la hache ; en Espagne, au moyen d'une machine appelée garotte (espèce de cercle de fer qui produit la strangulation sans pendaison) ; en Grèce, par la guillotine ; en Hongrie, par la pendaison ; au Monténégro, par la fusillade (et la pendaison pour les crimes particulièrement déshonorants) ; en Norwège, par la hache ; en Russie, par la pendaison (mais les juges, art. 71, C. pén., peu-

odieuses tortures que le moyen âge prodiguait, et qui révoltent la conscience. En attendant une invention que la science donnera peut-être, la guillotine est encore l'instrument de supplice le plus humain. L'article 11, § 1, du projet ne pouvait donc que reproduire l'article 12 du Code pénal actuel : « Tout condamné à mort aura la tête tranchée. »

L'appareil spécial qui accompagne l'exécution des parricides se trouve supprimé comme inutile et suranné. Il est ainsi donné satisfaction aux critiques dont il fait l'objet (1).

Les § 2 et § 3 de l'article 11, consacrent une très importante innovation : « Les exécutions ne seront pas publiques; elles auront lieu dans l'enceinte de la prison en présence du procureur général ou de son substitut, d'un magistrat et du greffier de la Cour d'assises, d'un commissaire de police, du directeur de la prison et d'un médecin. — Pourront assister à l'exécution le maire, les adjoints, les conseillers municipaux, les membres du jury de jugement et, si le condamné le demande, un ministre du culte ». Cette disposition répond au mouvement d'opinion qui se produit depuis un certain nombre d'années. Dans la plupart des pays, la réforme a été déjà réalisée (2). En France, après bien des efforts, elle a été votée par le Sénat ; mais elle a échoué devant la Chambre. Tout le monde se rappelle les incidents de la dernière discussion (3). Malgré un rapport favorable de M. Joseph Reinach, et l'énergique intervention du président de la commission M. Léveillé, 267 députés contre 232 se sont prononcés, dans la séance du 19 mai 1894, en faveur du maintien

vent indiquer un autre mode d'exécution) ; en Serbie, par la fusillade ; en Suède, par la hache ; en Suisse (dans les cantons qui ont rétabli la peine de mort), par la décapitation.

(1) Cette réforme a été opérée par le Code pénal belge de 1867.

(2) La publicité a été supprimée : en Allemagne (C. proc. pén. du 1er février 1877, art. 486) ; en Angleterre (loi du 29 mai 1868, 31 Vict., c. 24) ; en Autriche (C. proc. pén. de 1873, art. 402-403) ; dans le Grand-Duché de Luxembourg (C. pén., art. 9) ; en Hongrie (C. pén., art. 21); en Russie (Oukase du 25 mai 1881) ; en Suède (ord. 10 août 1877) ; en Suisse (pour les cantons qui ont rétabli la peine de mort).

(3) A relever dans le débat une singulière contradiction ; deux députés ont déclaré voter contre la suppression de la publicité, l'un parce qu'elle lui paraissait un pas fait vers l'abolition de la peine de mort, l'autre parce qu'elle lui paraissait rendre cette abolition plus difficile !

de l'état de choses actuel. Cette faible majorité permet d'espérer qu'une nouvelle proposition finira par réussir, et mettra fin aux troubles et aux scandales révoltants que provoquent le spectacle et l'attente des exécutions (1).

Comme par le passé « les corps des suppliciés seront délivrés à leurs familles, si elles les réclament, à la charge par elles de les faire inhumer sans aucun appareil » (art. 13).

L'article 12 reproduit aussi le texte actuellement en vigueur : « Si une femme condamnée à mort se déclare, et s'il est vérifié qu'elle est enceinte, elle ne subira la peine qu'après sa délivrance ». Cette règle est la plus rigoureuse de tout le droit criminel. Assurément, dans la pratique, la grâce présidentielle remédierait vite à une situation aussi douloureuse ; malgré cela, on ne peut s'empêcher de songer à l'excellence du tempérament qu'avait trouvé le droit intermédiaire ; une loi du 23 germinal an III ordonnait de surseoir au jugement de toute femme enceinte qui pouvait encourir une condamnation capitale.

§ 2. — Emprisonnement.

L'emprisonnement s'appliquant aux crimes comme aux délits doit avoir une durée fort variable, et même atteindre la perpétuité. Tel est, en effet, le caractère que lui attribue l'article 14 : « L'emprisonnement est perpétuel ou temporaire. — La durée de l'emprisonnement temporaire est de quinze jours au moins et de vingt ans au plus ».

L'emprisonnement ne peut produire l'œuvre d'amendement que s'il s'adapte aux caractères et aux degrés de la perversité individuelle (2). Une application rigide, identique pour tous, produirait de mauvais résultats. Si l'administration pénitentiaire a besoin de pouvoirs assez larges pour remplir utilement sa mission, il ne faut cependant pas lui laisser une complète latitude ; l'opinion publique ne tarderait guère à considérer les

(1) Rapport, p. 10.

(2) Ce défaut d'adaptation a été souvent relevé dans les critiques adressées par les nouvelles théories du droit pénal à l'école classique ; c'est un des mieux fondés. Aussi les Codes récents et les projets à l'étude en tiennent-ils compte.

inégalités que vaudrait aux détenus leur amélioration progressive comme le résultat d'une faveur arbitraire, parce qu'elle ne pourrait dans tous les cas en saisir la légitimité. Deux excès contraires sont à éviter. C'est ce qu'a eu soin de faire la commission : tout en prescrivant des règles relatives aux diverses périodes de l'emprisonnement, elle a su leur donner cette élasticité qui les rend particulièrement efficaces.

A. — L'emprisonnement débute toujours par la séparation individuelle de jour et de nuit. Elle s'étend même à toute la durée des courtes peines. « Les condamnés à une peine d'emprisonnement d'un an et au-dessous sont individuellement séparés pendant le jour et la nuit » (art. 15, § 1). C'est la reproduction du principe admis par la loi du 5 juin 1875 (art. 2) qui, à raison de l'insuffisance des locaux affectés au régime pénitentiaire, n'a reçu qu'une application fort restreinte. Les courtes peines sont le plus souvent subies en commun (1) ; aussi apparaissent-elles comme insignifiantes à certains délinquants, que n'effraient nullement quelques mois de captivité à passer avec des compagnons qui partagent leurs idées et leurs sentiments. La prison est, à leur avis, un asile temporaire où l'on entre sans regret et où l'on revient même avec plaisir au bout de quelque temps. La peine de courte durée, pour produire un résultat et pour décourager la récidive, doit être rigoureuse. Aussi, la disposition du projet est-elle à approuver sans réserve.

Les condamnés à une longue peine sont mis en cellule pendant une période qui varie suivant la durée de cette peine. « Les condamnés à une peine d'emprisonnement supérieure à un an sont mis en cellule de jour et de nuit pendant une période égale au quart de leur peine, mais qui ne pourra être inférieure à un an ni excéder trois ans » (art. 15, § 2). La limite assignée à la séparation individuelle est discutable (2) ; quelques

(1) Sur l'état de nombreuses prisons de courte durée « ces antres de la corruption » voy. le rapport fait à l'occasion de la loi du 4 février 1893, *J. off.*, 28 mars 1892, *Ann.* 2015, p. 708.

(2) La proposition de loi de MM. Bérenger, Bardoux et de Marcère (voy. ci-dessus) tendait à faire précéder la transportation d'un internement cellulaire de 8 ans, lorsque les travaux forcés étaient substitués à la peine de mort; le Sénat en réduisit la durée à 6 ans. La refonte complète des travaux forcés que proposait la commission de la Chambre comportait la cellule

Codes étrangers la portent à 5 ans et même 10 ans (1) ; le récent Code de Neuchâtel laisse toute liberté à l'administration (2). Peut-être serait-il bon de permettre une prolongation lorsque le condamné se montre irréductible (3).

Si la commission place le détenu en cellule, ce n'est pas pour l'isoler du monde extérieur ; elle veut simplement le soustraire à l'influence néfaste des autres détenus et à la perversité qui en résulte. Quant aux bonnes influences, le plus large accès leur est ouvert. Les communications journalières avec les employés de la prison, les ministres du culte, les membres des sociétés de patronage sont autorisées et même encouragées (4).

L'article 16 énumère les dispenses de la cellule. « L'emprisonnement individuel ne s'applique pas :

« 1° Aux détenus qui, à l'époque de leur condamnation, n'ont pas atteint l'âge de quinze ans ». Sur l'opportunité de cette mesure, il faut s'attendre à de vives discussions ; bien des

pendant 1 an pour les travaux forcés de 5 à 10 ans ; pendant 2 ans pour les travaux forcés au-dessus de 10 ans ; pendant 3 ans pour les travaux forcés à perpétuité.

Sur les avantages et les inconvénients de la cellule, voy. la discussion qui a eu lieu à la Société de législation comparée dans la séance du 13 février 1889 (*Bull.*, 1889, p. 300) ; les divers articles et documents contenus dans le *Bull. de la Société générale des prisons* et les ouvrages trop nombreux, pour être cités ici, qui sont consacrés à la question pénitentiaire.

(1) Elle est de 3 ans en Allemagne, en Autriche, en Suède et en Norwège ; 3 ans et demi en Danemark ; 5 ans en Hollande ; 8 ans en Portugal ; 10 ans en Belgique. Le Code pénal hongrois (art. 30 et 34) la fixe à un an lorsque la condamnation atteint ou excède 3 ans ; à un tiers de la peine lorsqu'elle n'excède pas 3 ans ; à 10 ans lorsqu'elle est perpétuelle. Le Code pénal italien (art. 12 et 13) fixe un maximum de 3 ans pour la réclusion et de 6 ans pour l'*ergastolo*. En Angleterre, la durée de la cellule, d'abord fixée à 1 an, a été réduite, en 1853, à 9 mois.

(2) L'article 20 de l'avant-projet du Code pénal fédéral suisse fixe la durée de la cellule à 3 mois ; mais, sans indiquer de maximum, il permet au juge ou à l'administration d'en ordonner la prolongation.

(3) Le Code pénal hongrois, art. 33-34 réserve, la cellule, en dehors du temps normal, comme mesure de discipline.

(4) La commission entend même que le régime des détenus varie selon leur situation morale. « L'administration des prisons, explique le rapport, p. 12, choisira le genre de travail le mieux approprié à leurs facultés ; elle aura toute latitude pour régler eu égard à la personnalité de chaque détenu les conditions particulières de la vie pénale ; dans le règlement qu'elle édictera, elle n'aura d'autres limites que de maintenir le condamné en état d claustration et de le faire travailler ».

criminalistes pensent que c'est surtout à l'égard des enfants qu'il importe le plus d'éviter toute promiscuité (1).

« 2° Aux détenus âgés de plus de soixante ans, si ce n'est sur leur demande ». A la dernière période de l'existence, l'isolement pèse trop lourdement, et les dangers de la contagion ne sont plus à craindre. L'humanité commande donc de ne pas faire preuve d'une rigueur qui ne servirait à rien (2).

« 3° Aux condamnés qui sont reconnus incapables de le subir ». Bien que les statistiques prouvent que la cellule — contrairement à un préjugé répandu, qui provient de la fausse idée qu'on s'en fait — ne pousse ni au suicide ni à l'hébétement, il est utile de laisser à l'administration le droit de la faire cesser dans les cas exceptionnels où elle deviendrait dangereuse (3).

B. — A la séparation complète succède, à moins de la volonté contraire du détenu, l'isolement de nuit et le travail en commun. L'article 15, qui fixe le temps que les condamnés doivent passer en cellule, ajoute : « ils sont ensuite séparés pendant la nuit seulement, à moins qu'ils ne soient autorisés, sur leur demande, à rester en cellule ».

Pendant cette période « la peine de l'emprisonnement comporte l'obligation du travail dans l'enceinte de la prison » (article 17, § 1). Cette règle admet une exception. « Néanmoins après la période de l'isolement, les condamnés qui ont tenu une bonne conduite peuvent être employés à des travaux extérieurs sans contact avec la population libre » (art. 17, § 2). Les tâches au dehors dont il s'agit ne doivent pas être confondues avec la prison intermédiaire qui constitue la troisième étape du système irlandais (4) ; elles en diffèrent par la moins grande liberté reconnue au détenu.

C. — La libération conditionnelle et le transfert aux colonies

(1) En faveur de l'emprisonnement individuel, voy. le Rapport de M. Rivière au Comité de défense des enfants traduits en justice et les votes qui l'ont suivi (*Bull. Soc. prisons*, 1892, p. 782 et 1009). — Conf. Code pénal hongrois, art. 42.

(2) En ce sens : Code pénal hollandais, art. 12.

(3) Cette exception est admise par les autres Codes.

(4) Elle existe au contraire dans plusieurs pays, not. en Hongrie, Code pénal, art. 44-48. — Rapp. de l'art. 17, § 2 du projet, l'art. 14 du Code pénal italien.

constituent les dernières récompenses des condamnés qui font preuve d'un sérieux amendement. Suivant l'ordre du projet, nous parlerons de ces institutions complémentaires du régime pénitentiaire au chapitre VI.

§ 3. — Détention.

La détention n'est jamais perpétuelle. Sa durée est la même que celle de l'emprisonnement temporaire. « La durée de la détention est de quinze jours au moins et de vingt ans au plus » (art. 18).

La détention comme l'emprisonnement ne suppose aucun transfert aux colonies ; mais, elle doit se subir dans des locaux distincts. « Les individus condamnés à la détention seront enfermés en France ou en Algérie, soit dans un établissement ou quartier spécial, soit dans une enceinte fortifiée. Ils ne seront jamais confondus avec les condamnés à l'emprisonnement » (art. 19).

Le régime de la détention est plus doux que celui de l'emprisonnement. Les condamnés ne sont soumis à une séparation complète que sur leur demande, et, s'ils se trouvent astreints au travail, ils peuvent choisir celui qui leur convient le mieux (1). « Ils sont séparés pendant la nuit et peuvent être autorisés à rester isolés pendant le jour.— Ils sont soumis au travail ; toutefois ils peuvent choisir le travail le plus conforme à leurs aptitudes pourvu qu'il soit compatible avec le bon ordre et le régime de l'établissement » (art. 20).

§ 4. — Arrêts de police.

Les arrêts de police correspondent à l'emprisonnement actuel de simple police. La seule différence consiste dans l'augmentation de la durée. « La durée des arrêts de police ne peut être moindre d'un jour, ni excéder quatorze jours. Le travail n'est pas obligatoire pour les condamnés » (art. 22).

Le projet propose une disposition nouvelle fort remarquable. « Les arrêts de police peuvent, sauf en cas de récidive

(1) C'est le régime qui partout distingue les deux peines.

dans l'année, être convertis par le tribunal, sur la demande du condamné, en un nombre égal de journées de travail au profit de la commune dans des conditions déterminées par un règlement d'administration » (art. 23). Cette règle est excellente (1) ; il serait à désirer qu'elle pût être appliquée de suite en France.

Observation commune aux paragraphes 2, 3 *et* 4.

L'application du régime pénitentiaire, que consacre le projet, suppose l'appropriation ou la reconstruction d'un grand nombre de prisons. C'est là une œuvre d'intérêt général, qui nécessite une direction unique. Il faut donc, ainsi que le suppose l'article 21, en transférer la propriété à l'Etat : « L'emprisonnement et la détention sont subis dans des établissements appartenant à l'Etat ». Cette proposition avait été faite à l'Assemblée nationale lors de la discussion de la loi du 5 juin 1875 ; sur la résistance du ministre des finances, elle se borna à édicter un certain nombre de mesures destinées à améliorer l'état de choses existant. La loi du 4 février 1893 *relative à la réforme des prisons de courte durée*, qui les complète, produira d'excellents effets, sans toutefois remplacer le transfert de propriété. Assurément, il en résulterait une dépense considérable ; mais, en présence du mal qu'elle peut éviter, ne serait-il pas sage de savoir s'y résoudre ?

S'il est nécessaire d'attribuer à l'Etat la propriété des établissements où se subit l'emprisonnement, il n'y a aucun inconvénient à laisser aux départements la propriété des établissements où se subissent les arrêts de police, cette peine très courte ne supposant aucune organisation spéciale. Aussi l'article 22, § 2, dispose-t-il : « Les arrêts de police sont subis dans des locaux spéciaux établis et entretenus aux frais du département et placés sous l'autorité du ministre de l'intérieur ».

§ 5. — Amendes.

Le projet ne détermine pas le mode d'établissement de l'amende ; il se borne, comblant une lacune du droit actuel, à en

(1) Elle existe déjà en Italie, Code pénal, art. 22.

fixer la quotité, lorsqu'elle n'est pas autrement précisée par le texte qui la prononce. « L'amende est de un franc à cinq mille francs dans le cas où elle n'est pas déterminée par la loi » (art. 24).

L'amende, à raison de sa nature, ne peut atteindre l'insolvable. L'état d'indigence ne doit cependant pas procurer l'impunité. Aussi la contrainte par corps, ainsi que nous le verrons bientôt (chap. III), a été conservée pour assurer le recouvrement de l'amende (1). N'y aurait-il pas lieu d'étendre à l'amende la règle applicable aux arrêts de police ? Le condamné serait admis à se libérer en faisant pour le compte de l'État un travail d'une valeur égale au montant de sa dette, et en cas de mauvaise volonté, encourrait un emprisonnement à titre subsidiaire (2). Ce système, qui vaut bien la contrainte par corps, fonctionne avec succès dans plusieurs pays (3).

§ 6. — Relégation.

La relégation est une expatriation perpétuelle qui frappe les récidivistes dangereux, dont la présence seule sur le territoire constitue une menace pour la société. « La relégation consiste à être interné dans une colonie ou possession française déterminée par un règlement d'administration publique. Elle est prononcée contre tout individu qui, après avoir été condamné à cinq ans d'emprisonnement au moins résultant d'un ou de plusieurs arrêts ou jugements, sera condamné pour un crime ou un délit à une année au moins d'emprisonnement » (art. 25).

(1) La plupart des législations étrangères remplacent la contrainte par corps par un véritable emprisonnement. Code pénal allemand, art. 28-29; loi danoise du 16 février 1866 ; Code pénal hongrois, art. 53 ; Code pénal hollandais, art. 22 ; Code pénal italien, art. 19 ; Code pénal suédois, ch. II, § 10-13 (texte loi du 16 mars 1884), etc. En Suisse, la jurisprudence du Tribunal fédéral n'admet pas que la contrainte par corps supprimée par la Constitution puisse être employée pour assurer le paiement de l'amende ; elle autorise seulement la transformation de l'amende en emprisonnement : la plupart des cantons ont usé de cette faculté. L'article 16 de l'avant-projet du Code pénal fédéral consacre ce système.

(2) L'Union internationale de droit pénal, dans sa session de Christiania, 1891, n'a admis cette transformation qu'en cas de nécessité. *Bull.*, 1892, p. 307. Voy. le rapport très documenté de M. Rosenfeld, *Bull.*, 1891, p. 204.

(3) Code pénal italien, art. 19 ; Code pénal de Vaud, art. 7 ; Code pénal de Neuchâtel, art. 28 ; avant-projet Code pénal féd. suisse, art. 26.

Cette règle très simple remplacera avantageusement le système trop compliqué de la loi du 27 mai 1885.

La peine de la relégation comporte plusieurs périodes successives :

A. — Avant la transportation, les condamnés doivent subir une partie de leur peine dans les établissements ordinaires. « Les relégués ne seront transférés dans la colonie qu'après avoir subi, en France ou en Algérie, la moitié au moins de la peine d'emprisonnement » (art. 26).

B. — Après la transportation, les condamnés achèvent leur peine et restent en outre internés et soumis au travail pendant un certain temps. « Ils sont placés, à leur arrivée dans la colonie, dans un établissement pénitentiaire, où ils achèvent de subir la peine d'emprisonnement qui était en cours d'exécution lors de leur départ de France, et où ils sont ensuite maintenus pendant cinq ans. Pendant toute cette période, ils sont astreints au travail, soit à l'intérieur, soit au dehors de l'établissement sans que leur travail puisse être engagé à des tiers, sauf par des contrats révocables à la seule volonté de l'administration » (art. 28, § 1). Les engagements de la main-d'œuvre pénale aux entreprises privées sont en eux-mêmes fort contestables ; l'administration ferait mieux de diriger et de surveiller directement le travail. En proscrivant tout contrat irrévocable, le projet cherche à supprimer un grave inconvénient que la pratique a révélé ; y réussit-il complètement ? Le doute est permis. Un contrat révocable *ad nutum* n'est pas toujours révoqué facilement : les réclamations des intéressés, les enquêtes qui en résultent retardent l'application de la mesure, et l'abus se perpétue.

L'administration a le droit de mettre fin à cette période quand bon lui semble en prononçant la libération conditionnelle qu'elle peut du reste toujours révoquer. « A un moment quelconque de cette période, l'administration pourra mettre en liberté conditionnelle les relégués qui offriraient des garanties de bonne conduite et dont le travail en liberté paraîtrait devoir être plus profitable à la colonisation. — Elle pourra également révoquer la mise en liberté conditionnelle des relégués conformément à l'article 71, § 1er » (art. 28, §§ 2 et 3). Si l'on remarque

que le projet (art. 70) restreint en France les droits de l'administration, cette latitude qui lui est laissée aux colonies a de quoi surprendre. Peut être serait-il bon d'adopter des règles analogues dans les deux cas.

C. — La période précédente achevée, les relégués ont le droit de vivre à leur guise dans la circonscription qui leur est affectée. « Après l'expiration de la période déterminée au paragraphe 1er de l'article précédent, les relégués seront mis en liberté ; mais ils devront toute leur vie résider dans une circonscription déterminée de la colonie » (art. 29, § 1er).

A quelque période que ce soit, les relégués se trouvent soumis à un régime exceptionnel et à une juridiction spéciale. « Pendant leur séjour dans la colonie, les relégués sont soumis à des mesures de police et à une juridiction spéciale établies par un règlement d'administration publique » (art. 27). La juridiction dont il s'agit constitue un véritable conseil de guerre ; elle est nécessaire pour produire l'intimidation sur l'esprit de malfaiteurs dangereux et invétérés.

La loi du 27 mai 1885 décide (art. 6) que la relégation n'est pas applicable aux individus âgés de plus de soixante ans ou âgés de moins de vingt et un ans, et le décret du 26 novembre 1885, qui en assure l'exécution, autorise (art. 11) le ministre de l'intérieur en cas d'urgence et à titre provisoire à en dispenser pour cause de maladie ou d'infirmité. Le projet consacre des dispenses analogues, sauf pour le mineur. « Aucun individu condamné à la relégation ne pourra être transféré dans la colonie après soixante ans accomplis ; il en sera de même de l'individu que son état physique, régulièrement constaté, rendrait impropre aux travaux de la colonisation » (art. 30).

La législation actuelle ne prévoit aucune mesure subsidiaire à la dispense de la relégation d'ordre médical ; l'interdiction de séjour remplace la relégation pour les condamnés âgés de plus de soixante ans. Le projet propose une innovation importante en vertu de laquelle la dispense ne compromettra en rien la répression : « Les individus, auxquels la relégation n'aura pas été appliquée à raison de leur âge ou de leur état physique, seront mis à la disposition de l'administration pour être placés dans une maison de travail pendant un temps qui ne pourra excéder dix années » (art. 31).

§ 7. — Interdiction des droits.

Cette peine affecte deux aspects différents. Les déchéances de l'article 32 présentent les caractères de la dégradation civique ; mais elles ne sont jamais la suite forcée des condamnations temporaires et ne fonctionnent jamais comme peine principale : « Tout condamné à l'emprisonnement perpétuel ou à la relégation sera de plein droit et à perpétuité privé de l'exercice des droits civiques et de famille suivants: 1° de vote et d'éligibilité ; 2° de remplir aucune fonction, emploi ou office public ; 3° de faire partie d'un conseil de famille ; 4° de puissance paternelle, tutelle, curatelle, si ce n'est à l'égard de ses enfants et seulement en vertu d'un jugement du tribunal rendu après avis du conseil de famille et de l'administration pénitentiaire ; 5° d'être juré, expert ou témoin dans les actions ; 6° de témoignage en justice, autrement que pour y faire de simples déclarations ».

L'article 33 correspond à l'article 42 du Code pénal actuel. « Les tribunaux pourront interdire en tout ou en partie l'exercice des droits mentionnés dans l'article précédent aux individus condamnés au moins à cinq ans d'emprisonnement ou de détention et, en outre, dans les cas prévus par la loi. — La durée de cette interdiction sera de cinq ans au moins et pourra être élevée jusqu'au double de celle de la peine principale. Elle aura effet du jour où la condamnation sera devenue définitive ».

Parmi les incapacités, dont le condamné peut se trouver frappé, il en est une qui a soulevé de vives critiques, et qui a disparu de la plupart des législations (1) : l'incapacité de témoigner en justice autrement que pour y faire de simples déclarations. N'est-ce pas, en effet, affranchir le condamné d'une obligation ? N'est-ce pas lui permettre le mensonge sans risque du châtiment ?

(1) Cette incapacité qui existe encore en Russie, Code pénal, art. 42, n° 3, disparaît du projet ; l'article 24 ne parle plus que de l'incapacité d'être témoin dans les actes.

§ 8. — Interdiction de séjour.

Cette peine, que la loi du 27 mai 1885 a substituée à la surveillance de la haute police, est maintenue par le projet dans les mêmes conditions. Les articles 34 à 38 se bornant à mettre en ordre les règles actuellement en vigueur, il suffit de les reproduire : « L'interdiction de séjour consiste dans la défense faite au condamné de paraître dans les lieux dont l'interdiction lui sera signifiée par le gouvernement, s'il est détenu, avant sa libération, et, dans le cas contraire, dans les six mois du jugement ou de l'arrêt » (art. 34). — « Les condamnés à plus de cinq ans d'emprisonnement ou de détention seront de plein droit, après qu'ils auront subi leur peine, et pendant vingt ans, soumis à l'interdiction de séjour. Néanmoins l'arrêt ou le jugement de condamnation pourra réduire la durée de l'interdiction ou même déclarer que les condamnés n'y seront pas soumis. Si l'arrêt ou le jugement ne contient pas dispense ou réduction de l'interdiction, mention sera faite, à peine de nullité, qu'il en a été spécialement délibéré. Tout condamné à mort ou à une peine perpétuelle, qui obtiendra commutation ou remise de sa peine, sera, s'il n'en est autrement disposé par la décision gracieuse, de plein droit soumis à l'interdiction de séjour pendant vingt ans » (art. 35). — « L'interdiction de séjour pourra être suspendue par mesure administrative. La prescription de la peine ne relève pas le condamné de l'interdiction à laquelle il est soumis. L'interdiction ne produit son effet que du jour où la prescription est accomplie » (art. 36). — « Hors les cas déterminés par les articles précédents, les condamnés ne pourront être soumis à l'interdiction de séjour que dans les cas où une disposition particulière de la loi l'aura permis » (art. 37).

§ 9. — Placement dans un établissement de travail.

Cette peine est inconnue de notre droit. Elle a pour but de remédier à un fâcheux état de choses que les praticiens ont continuellement l'occasion de constater. Chaque jour, les juges voient comparaître devant eux des mendiants, des vagabonds, des prostituées, des fainéants de tout ordre. Les peines légères qu'ils prononcent sont sans but et sans profit. Quelque temps après leur libération, les mêmes délinquants seront de nouveau traduits en justice sous l'inculpation de délits analogues. Pour couper le mal à sa racine, il faut combattre ces tendances à la paresse et à la débauche en plaçant ceux qui en font preuve dans un établissement spécial qualifié de maison de travail (1). Dans tous les cas, cette mesure aura un autre effet d'intimidation qu'un emprisonnement de courte durée.

La maison de travail fonctionne avec succès dans plusieurs pays (2). L'article 38 du projet est la reproduction de l'article 32 du Code pénal des Pays-Bas : « Dans les cas déterminés par la loi, les tribunaux pourront ordonner que le condamné soit, à l'expiration de la peine de l'emprisonnement, placé dans un établissement de travail pour trois mois au moins et trois ans au plus ».

Le projet ne dit pas ce que sera la maison de travail. Son régime concerne dans les détails un règlement d'administration publique ; mais la loi, surtout lorsqu'il s'agit d'une institution nouvelle, ferait bien de tracer les lignes principales.

Le placement dans l'établissement de travail ne doit être ordonné qu'à l'expiration de la peine. Comme il consiste de même que l'emprisonnement dans une privation de la liberté, on pourrait sans crainte laisser aux juges le droit de choisir entre les deux mesures celle qui convient le mieux au délinquant dont ils ont la conduite à apprécier (3).

(1) Résolution votée par l'Union int. du droit pénal, session de Berne, 1890, *Bull.* 1891, p. 232. — Conf. Congrès pénitentiaire international de Paris, 1895, sect. 3, IV.

(2) Autriche, loi du 24 mai 1885 ; Belgique, loi du 27 novembre 1891 ; Norwége, Code pénal ; Pays-Bas, Code pénal, art. 32. En Suède, la loi du 12 juin 1885, § 5, sur le vagabondage et la loi du 9 juin 1871, §§ 40-41, sur l'assistance publique autorisent l'internement dans une maison de travail ; mais cet internement ne présente pas le caractère pénal. Un système analogue fonctionne en Suisse ; l'avant-projet Code pénal fédéral, tout en respectant les lois cantonales, admet l'internement dans une maison de travail à titre de peine. « Lorsqu'un délit puni de l'emprisonnement, dispose l'article 23, § 1, a pour cause l'inconduite ou la fainéantise de l'auteur, le juge pourra, au lieu d'appliquer la peine ou accessoirement à la peine, prononcer le renvoi du délinquant dans une maison de travail pendant une durée de 1 à 3 ans ».

(3) C'est ce qu'admet l'article précité de l'avant-projet du Code pénal fédéral suisse.

§ 10. — Confiscation.

L'article 39 indique les principaux caractères de la confiscation spéciale, la seule qui existe dans le droit moderne : « Les tribunaux peuvent ordonner la confiscation des objets appartenant au condamné et acquis au moyen du crime ou du délit ou ayant servi à le commettre. La confiscation ne sera prononcée pour contravention que dans les cas déterminés par la loi » (1). Ce texte ne vise pas la confiscation, comme mesure de sûreté ou de police, des objets dangereux ou illicites même appartenant à des tiers non compris dans la poursuite ; c'était pourtant bien ici la place de cette disposition (2).

§ 11. — Publication du jugement.

L'article 36 du Code pénal actuel ordonne la publication des arrêts criminels.

L'article 40 du projet édicte un principe général applicable à toutes les infractions : « La publication du jugement est ordonnée par les tribunaux à titre de peine dans les cas déterminés par la loi. Le jugement fixe le mode de publication aux frais du condamné ».

Observation commune aux paragraphes 6, 7, 8, 9, 10 et 11.

L'article 41 dispose : « La relégation, l'interdiction de certains droits politiques ou civils, l'interdiction de séjour, le placement dans un établissement de travail, la confiscation spéciale et la publication du jugement pourront être remis en tout ou en partie par voie de grâce ». Ce texte a pour but de mettre fin aux hésitations de plusieurs jurisconsultes, qui pensent que la grâce ne peut s'exercer à l'égard des peines accessoires et surtout des peines privatives de droits. Cette extension du pouvoir prési-

(1) Le Code pénal belge, art. 43, admet que la confiscation accompagne toujours de plein droit les crimes et les délits sans qu'un texte spécial soit nécessaire.

(2) Lorsque les objets sur lesquels porte la confiscation ne sont pas remis ou lorsque leur valeur n'est pas acquittée, le Code pénal hollandais, article 34, admet un emprisonnement subsidiaire, comme en cas de non-paiement de l'amende.

dentiel ne soulève aucune objection. Dira-t-on qu'elle rend la réhabilitation inutile? C'est là une grave erreur. D'abord, la réhabilitation est la seule ressource de ceux qui ne profitent pas de la faveur du chef de l'État ; en outre, elle produit un effet plus puissant : elle efface la condamnation et la fait disparaître des extraits du casier judiciaire délivrés aux parties ; cet avantage n'est pas à dédaigner.

CHAPITRE II. — Du calcul de la durée des peines.

La durée des peines doit logiquement se calculer de quantième à quantième en employant le calendrier grégorien admis par le législateur français pour la mesure du temps légal. L'article 40 du Code pénal décide cependant que la condamnation à un mois d'emprisonnement aura toujours une durée égale de trente jours (1). Cette exception, dont l'étendue est mal définie, a disparu du projet. La nouvelle rédaction est fort précise : « Chaque jour de prison est de vingt-quatre heures. Les mois et les années se comptent de date à date » (art. 42).

La condamnation frappe presque toujours en matière criminelle et souvent en matière correctionnelle un individu, qui se trouve déjà sous la main de la justice : la détention préventive subie par le prévenu doit-elle entrer dans le calcul de la durée de la peine? D'après les articles 23 et 24 du Code pénal de 1810, la peine ne prenait cours que du jour où la condamnation devenait irrévocable. La loi de révision de 1832 décida que pour l'emprisonnement — mais pour cette peine seule — la détention préventive se convertirait en détention expiatoire à partir du jugement ou de l'arrêt, s'ils n'étaient pas attaqués, ou si l'exercice du recours amenait une réduction. Cette amélioration était tout à fait insuffisante. Les Codes répressifs rédigés ou révisés à une époque plus récente reconnurent que la justice imposait l'imputation de la détention préventive : les uns rendirent cette

(1) Le Code pénal italien, art. 30, § 2, décide que la durée de chaque mois de prison a une durée égale de 30 jours. *Sic* : avant-projet Code pénal fédéral suisse, art. 49.

imputation obligatoire (1); les autres en firent une simple faculté pour le juge (2). La loi du 15 novembre 1892 a enfin mis le droit français au niveau du droit des autres nations. La détention préventive est de plein droit déduite de la durée de la peine, à moins que le juge n'ordonne, par une disposition spéciale et motivée,que cette imputation n'aura pas lieu ou n'aura lieu que pour partie.

Le projet consacre un système moins libéral : il autorise simplement le juge à faire l'imputation s'il le juge convenable. « Le tribunal pourra, par une disposition spéciale, décider que la détention préalable sera imputée en tout ou en partie sur la durée de la peine » (art. 44, § 3). Tout porte à croire que ce texte soulèvera de vives critiques et que la rédaction de la loi de 1892 lui sera préférée. En ce qui concerne la détention préventive comprise entre la date du jugement ou de l'arrêt et le moment où la condamnation devient irrévocable, il n'existe aucun changement. « La durée des peines temporaires compte du jour où la condamnation est mise à exécution » (art. 43). — « Néanmoins, à l'égard des condamnations prononcées contre les individus en état de détention préalable, la durée de la peine, si le condamné ne s'est pas pourvu, compte du jour du jugement ou de l'arrêt, nonobstant l'appel ou le pourvoi du ministère public et quel que soit le résultat de cet appel et de ce pourvoi. — Il en sera de même dans les cas où la peine aura été réduite sur l'appel ou le pourvoi du condamné » (art. 44, §§ 1 et 2).

Le projet dans son article 45 consacre à l'exemple de quelques Codes étrangers (3) une règle fort équitable qui est toute nouvelle pour notre législation. « Lorsque la peine prononcée

(1) Code pénal italien, art. 40 ; Code pénal belge, art. 30 ; Code pénal luxembourgeois, art. 30 ; projet de Code pénal espagnol, art.74 (art.72 dans texte révisé par la commission des Cortès). — Loi grecque du 11 juillet 1892.

(2) Code pénal allemand, § 60 ; Code pénal danois, art. 57 ; Code pénal hongrois, art. 94 ; Code pénal hollandais, art. 27 ; projet de Code pénal russe, art. 54 et avant-projet de Code pénal fédéral suisse, art. 43. — Le récent Code pénal du canton de Neuchâtel contient une règle qui mérite d'être signalée ; l'imputation n'est pas obligatoire, mais elle le devient quand le coupable fait des aveux complets.

(3) Code pénal hollandais, art. 27 ; Code pénal italien, art. 40 ; Code pénal hongrois, art. 94.

sera seulement pécuniaire, le jugement ou l'arrêt pourra ordonner que le condamné, qui aurait été soumis à une détention préalable, sera exonéré en tout ou en partie du paiement de l'amende appliquée ».

CHAPITRE III. — DES AUTRES CONDAMNATIONS QUI PEUVENT ÊTRE PRONONCÉES A L'OCCASION DES CRIMES, DÉLITS ET CONTRAVENTIONS.

Sous cette rubrique, le projet formule quatre règles relatives soit aux dommages-intérêts et aux restitutions, soit aux garanties des diverses condamnations pécuniaires.

Les deux premières règles, dont l'utilité est incontestable, existent déjà dans le droit actuel, et ne peuvent soulever aucune difficulté ; il suffit donc de les reproduire : « Les condamnations aux peines établies par la loi seront toujours prononcées sans préjudice des restitutions et dommages-intérêts qui peuvent être dus aux parties » (art. 46). « Lorsque la loi n'a point réglé les dommages-intérêts, la Cour ou le tribunal en déterminera le montant, sans pouvoir toutefois en prononcer l'application à une œuvre quelconque, même du consentement de la partie lésée » (art. 47).

Les deux autres règles comportent quelque développement.

« L'exécution des condamnations à l'amende, aux restitutions, aux dommages-intérêts et aux frais, pourra être poursuivie par voie de la contrainte par corps » (art. 48). Cette voie rigoureuse d'exécution constitue non seulement une épreuve de la solvabilité, mais encore une peine ; sans elle, les insolvables auraient été assurés de l'impunité, ce que l'ordre public ne peut permettre. Ce caractère répressif de la contrainte, qui n'a pas toujours été reconnu comme il aurait dû l'être, a conduit certains législateurs à organiser un emprisonnement subsidiaire à l'amende (1) ; le projet n'est pas entré dans cette voie.

« Tous les individus condamnés pour une même infraction seront tenus solidairement des restitutions, des dommages-in-

(1) Voy. ci-dessus les notes du § 5.

térêts et des frais » (art. 49). En vertu de ce texte, la solidarité ne s'applique plus aux amendes. C'est un progrès fort sage (1).

CHAPITRE IV. — De l'interdiction légale.

Dans la plupart des pays, l'interdiction légale accompagne les peines graves. L'article 50 dispose : « Quiconque aura été condamné à plus de cinq ans d'emprisonnement ou de détention sera, pendant la durée de sa peine, en état d'interdiction légale ». L'article 52, 1re phr., ajoute : « Les relégués sont en état d'interdiction légale ».

L'interdiction légale produit un double effet : elle constitue une incapacité, elle occasionne une tutelle.

La tutelle des interdits légaux comporte les mêmes règles que la tutelle des interdits judiciaires, à cette différence que les revenus, loin d'être employés à l'amélioration du condamné, ne peuvent lui être remis sous aucun prétexte. « Il sera nommé au condamné en état d'interdiction légale, un tuteur et un subrogé-tuteur pour gérer et administrer ses biens, dans les formes prescrites pour les nominations des tuteurs et des subrogés-tuteurs aux interdits. Les biens du condamné lui seront remis après qu'il aura subi sa peine, et le tuteur lui rendra compte de son administration. Pendant la durée de la peine, il ne pourra, sauf en cas de libération conditionnelle, lui être remis aucune somme, aucune provision, aucune portion de ses revenus » (art. 51).

L'incapacité est corrélative à la tutelle. « L'interdiction légale enlève au condamné la capacité d'administrer ses biens et d'en disposer, si ce n'est par testament » (art. 50, § 2). Ce texte nécessite quelques observations. Ce que la peine enlève au condamné, c'est l'exercice des droits relatifs au patrimoine ; il peut donc accomplir tous les actes qui ne concernent pas ses intérêts pécuniaires (2) : reconnaître un enfant naturel, contracter mariage, consentir au mariage et à l'adoption de ses enfants, dis-

(1) Les Codes étrangers ont presque tous réalisé une réforme analogue.

(2) Cass., 27 février 1883 (S. 1884, 1, 65). Dans le même sens, Nîmes, 16 juin 1835 (S. 1835, 2, 485) ; Colmar, 1er avril 1846 (S. 1846, 2, 625).

poser par testament. Sur ce dernier point, le projet s'explique expressément à raison du doute qu'a fait naître le silence du Code pénal.

Le droit actuel ne détermine pas le sort des actes passés par l'interdit légal. Suivant l'opinion générale, la nullité peut être proposée par tous les intéressés (1). L'article 50, § 4, consacre cette solution : « La nullité des actes passés par l'interdit peut être invoquée par tous les intéressés ».

L'interdiction légale commence avec la peine. « Elle est encourue du jour où la condamnation est devenue définitive » (art. 50, § 3). Elle ne cesse qu'avec la peine sauf pour les relégués : « En cas de libération conditionnelle, et, en tous cas, après l'expiration de la période de cinq ans déterminée par le paragraphe 1er de l'article 28, ils recouvreront dans le lieu de la relégation l'exercice des droits civils, mais leurs actes ne peuvent engager les biens qu'ils possédaient au jour de leur condamnation ou qui leur sont échus à titre gratuit depuis cette époque » (art. 52). Ce tempérament est généralement admis à l'égard des peines coloniales (2) ; seulement le projet innove en en faisant un droit au lieu d'une faveur (3).

Pour distinguer les peines perpétuelles des peines temporaires, le législateur en supprimant la mort civile édicta la double incapacité de disposer et de recevoir à titre gratuit avec la nullité du testament antérieur (4). Le projet ne maintient que l'incapacité de disposer par testament avec la nullité du testament antérieur. « Quiconque aura été condamné par un arrêt définitif à la peine de mort ou à l'emprisonnement perpétuel ne pourra disposer de ses biens par testament.—Tout testament par lui fait antérieurement à sa condamnation est nul. — Le chef de l'État peut, par voie de grâce, relever le condamné à une peine perpétuelle de l'incapacité établie par le présent article »

(1) Cass., 25 janvier 1825 (S. 1825, 1, 345) ; Paris, 7 août 1837 (S. 1838, 2, 268) ; Cass., 29 mars 1852 (S. 1852, 1, 385).

(2) L. 30 mai 1854, art. 12 ; L. 31 mai 1854, art. 4 ; L. 25 mars 1873, art. 16 ; L. 27 mai 1885, art. 17.

(3) Voy. cependant L. 24 mars 1873, art. 12, § 4.

(4) Ces incapacités ne furent pas admises sans opposition ; voy. les critiques des députés Legrand et Rigaud, *Moniteur*, 4 mai 1854.

(art. 53). Quelques Codes, se ralliant à une opinion qui compte de nombreux partisans, ont supprimé toute incapacité de cette nature (1).

CHAPITRE V. — Des circonstances qui excluent, atténuent ou aggravent les peines.

Ce chapitre, un des plus importants du projet. détermine les éléments subjectifs de l'infraction. Des matières très diverses se trouvent donc réunies sous la même rubrique ; la clarté du commentaire en impose la distinction.

§ 1. — *De la démence.*

La démence contemporaine de l'infraction a pour effet d'exempter son auteur de toute peine. L'article 54 du projet. reproduction presque textuelle de l'article 64 du Code pénal actuel. dispose : « Il n'y a ni crime ni délit lorsque le prévenu était en état..... de démence au temps de l'action ». Cette rédaction beaucoup trop étroite prête à une double critique.

La cause de non-culpabilité fondée sur la démence résulte de la nature même des choses, et, bien que le texte ne parle que des crimes et des délits, elle s'étend aussi aux contraventions. Malgré les termes employés, ce point ne fait de doute pour personne. Au moment de la refonte générale du Code pénal, il serait bon de faire disparaître cette incorrection. C'est ainsi qu'a procédé le législateur belge de 1867 ; le nouvel article 71 dit simplement : « Il n'y a pas d'infraction ».

L'expression *démence* demanderait à être remplacée ou complétée ; par elle-même elle est peu précise. Dans l'article 489, le Code civil l'oppose à l'imbécillité et à la fureur. Tout le monde reconnait qu'elle n'a pas ce sens restreint en matière criminelle ; mais là cesse l'accord. Suivant une interprétation, qui compte de nombreux partisans, la loi ne voudrait dire

(1) Codes pénaux belge, luxembourgeois, espagnol, génevois, hollandais, hongrois, portugais, etc. Avant-projet Code pénal fédéral suisse. L'incapacité de tester avec la nullité du testament antérieur a au contraire été inscrite dans le Code pénal italien (art. 33) comme conséquence de la condamnation à l'*ergastolo*.

qu'une chose : c'est que, pour être coupable d'une infraction, il faut être sain d'esprit ; ce serait, sous une forme différente, le principe de l'article 901 du Code civil relatif aux donations et aux testaments. Suivant une autre interprétation, l'expression n'aurait pas une portée aussi considérable. Les causes d'inconscience rentrent dans les trois catégories suivantes : 1° Arrêts de développement et dégénérescences pathologiques du cerveau avant l'époque normale de maturité (idiotie, imbécillité, faiblesse d'esprit avec perversion des instincts, etc.) ; 2° causes organo-pathologiques entravant le libre jeu des facultés intellectuelles après l'époque normale de maturité (folie proprement dite sous toutes ses formes) ; 3° troubles psychiques affectant un individu normalement constitué et provenant d'une altération transitoire des fonctions cérébrales (rêve, somnambulisme, hypnotisme, maladies, ivresse, etc.). Eh bien ! Ce que le législateur appellerait démence, ce seraient les affections des deux premières catégories, c'est-à-dire les cas d'absence de raison qui proviennent soit d'une organisation cérébrale incomplète, soit d'une maladie du cerveau. La jurisprudence se prononce en ce sens ; elle va même à l'exagération en interdisant aux tribunaux de chercher et de fonder la non-culpabilité sur les états psychologiques de la troisième catégorie (1). Qu'un arrêt encourt la cassation parce qu'il constate en fait qu'un de ces états affectait l'agent et parce qu'il motive en droit l'acquittement sur cet état, la solution est rationnelle ; mais ce serait dépasser toute limite raisonnable que d'interdire aux juges de tenir compte, dans l'examen général de la culpabilité, des causes qui suppriment ou qui diminuent la responsabilité.

Les Codes étrangers adoptent presque tous une formule à la fois plus compréhensive et plus précise. Deux procédés de rédaction sont en présence : l'un fait dépendre l'irresponsabilité de l'altération de la conscience et du libre arbitre en évitant les dénominations techniques ; l'autre énumère les états qui créent l'irresponsabilité (2). Cette définition descriptive est pra-

(1) Cass., 27 juin 1827 ; 1er juin 1843 (S. 1843, 1, 843).

(2) Premier procédé : Code pénal allemand, art. 51 ; Code pénal autrichien, art. 2 ; Code pénal hongrois, art. 76 ; Code pénal italien, art. 46 ; Code pénal

tiquement préférable à la définition par voie d'analyse : elle se combine, en effet, avec toutes les doctrines philosophiques. Un déterministe (et d'éminents médecins légistes professent le déterminisme) méconnaît le principe de la liberté morale ; si la loi l'admet comme critérium, il se voit obligé de méconnaître ses convictions scientifiques ou d'en nier l'existence dans tous les cas ; ces deux extrémités sont également regrettables. Le seul danger de recourir à une énumération consiste dans les oublis que peut commettre le législateur. En cette matière, les règles n'ont de valeur que si, en conciliant les exigences du droit et celles de la psychiatrie, elles suppriment toute difficulté. L'article 8 de l'avant-projet du Code fédéral suisse, qui a reçu l'approbation des aliénistes les plus compétents de la Confédération helvétique, mérite d'être cité : « N'est pas punissable quiconque, au moment de l'infraction, était en état d'aliénation mentale, d'idiotie ou d'inconscience. »

Dans l'état actuel du droit, la Cour d'assises peut accueillir les conclusions du défenseur qui demande la position d'une question spéciale à la démence ; mais elle peut tout aussi bien les rejeter (1). La commission de réforme a pensé avec raison qu'il était nécessaire d'appeler l'attention du jury sur ce point (2) ; aussi dispose-t-elle dans l'article 55, § 2 : « L'état de

roumain, art. 57. — Deuxième procédé : Code pénal belge, art. 71 ; Code pénal espagnol, art. 8 et projet de réforme, art. 31, §§ 1 et 2 ; Code pénal finlandais, ch. III, § 3 ; Code pénal hollandais, art. 37 ; Code pénal norwégien, ch. VII, §§ 2-3 ; Code pénal portugais, art. 41 ; Code pénal russe, art. 95-97 et projet de réforme, art. 35 ; Code pénal suédois, ch. V, § 5 ; Codes suisses d'Appenzel, art. 36 ; de Genève, art. 52, de Glaris, art. 27, des Grisons, art. 45, du Valais, art. 85-87. — Quelques Codes combinent les deux procédés : Code pénal danois, art. 38; Codes suisses de Fribourg, art. 56 a, de Genève, art. 52 ; de Neuchâtel, art. 70 ; du Valais, art. 85-87 ; de Vaud, art. 51-54 ; de Zurich, art. 44.

(1) Cass., 11 mars 1813 ; 23 septembre 1847 (D. 1847, 4, 118) ; 30 mars 1849 (D. 1849, 5, 95) ; 1er mars 1855 (D. 1855, 5, 201) ; 13 mars 1873 (*Bull. cr.*, no 66) ; 16 septembre 1875 (*Bull. cr.*, no 293). — La question spéciale de démence étant posée, il n'y a aucune contradiction entre la réponse affirmative sur la culpabilité et la réponse négative sur l'état de démence ; Cass., 4 janvier 1817 (S. 1817, 1, 268).

(2) Dans le canton de Genève, une loi du 19 mars 1888 (provoquée par l'affaire Lombardi) ordonne de poser au jury une question relative à l'état mental.

démence sera l'objet d'une question spéciale posée au jury, soit d'office, soit sur la demande de l'accusé » (1).

La situation de l'agent qui, à raison de son état mental, échappe au châtiment doit être réglée avec le plus grand soin. L'opinion publique se préoccupe en toute justice de la liberté laissée à des aliénés dangereux, liberté qui leur permet de commettre de nouveaux attentats. Les médecins aussi bien que les criminalistes ont souvent dénoncé les lacunes de la législation. C'est une question fort grave que celle de savoir à quelle autorité il appartient de prendre les mesures relatives aux aliénés. Le droit comparé donne toutes les solutions (2). La loi française du 30 juin 1838 attribue compétence exclusive à l'administration préfectorale ; le projet de revision de cette loi, qui, voté depuis plusieurs années par le Sénat, attend la sanction de la Chambre des députés, donne la préférence au tribunal civil. Ce changement, qui aurait pour résultat d'éviter les séquestrations arbitraires ou indûment prolongées, suscite des critiques difficiles à expliquer. Quel que soit le principe admis, il convient de laisser à la juridiction criminelle le droit de statuer sur le sort des aliénés qui échappent à la condamnation. En vain, dirait-on que son rôle se borne à la répression. Ne peut-elle pas ordonner le placement dans une maison de correction du mineur qui n'a pas agi avec discernement? Pourquoi lui refuser un pouvoir analogue à l'égard des individus majeurs qu'elle déclare irresponsables? Sa compétence s'étend naturellement aux suites légales du fait qui lui est soumis. C'est ce que décide avec raison le projet de Code pénal mais d'une manière trop étroite, le renvoi au tribunal civil n'étant nécessaire que de la part des juridictions d'instruction : « Lorsqu'un inculpé d'un fait qualifié crime aura été acquitté pour cause de

(1) En cas de doute sur l'état mental, l'examen médical n'est pas obligatoire, mais il reste un devoir de l'instruction.

(2) On peut à cet égard diviser les Etats en trois classes : 1° Etats où la décision appartient à l'autorité administrative : Allemagne, Autriche, Croatie, France, Hongrie, Suède ; 2° Etats où l'internement est ordonné par l'autorité judiciaire et la sortie par l'autorité administrative : Belgique, Danemark, Hollande, Italie ; 3° Etats où la décision appartient dans tous cas à l'autorité judiciaire : Angleterre et Irlande, Espagne, Russie.

démence, la Cour pourra ordonner qu'il soit placé dans un établissement d'aliénés. — Si l'inculpé a été l'objet d'une ordonnance ou d'un arrêt de non-lieu, le placement pourra être ordonné par le tribunal civil à la requête du ministère public » (art. 55, §§ 1 et 3).

L'internement se prolonge par la force même des choses jusqu'à la guérison de la maladie mentale. « La sortie de l'asile ne pourra être autorisée que par un jugement du tribunal civil rendu sur l'avis du médecin » (art. 55, § 4).

Le passage de la santé intellectuelle à l'aliénation, de la conscience à l'inconscience s'opère par degrés successifs et à peine sensibles. Le projet ne tient pas compte des états transitoires, qui ne justifient ni l'application ordinaire de la peine ni son exemption totale, mais qui laissent subsister une demi-responsabilité. Est-ce un bien ? Est-ce un mal ? Sur ce point, il faut s'attendre à de profondes divergences. Peut-être serait-il préférable, ainsi que le fait le droit de plusieurs pays (1), d'indiquer aux juges, surtout jurés, un moyen terme qui mettrait fin à des décisions souvent surprenantes.

Parmi les causes d'inconscience plus ou moins complète qui ne proviennent pas d'une maladie mentale, il en est deux qui, à raison de leur caractère particulier, font dans un grand nombre de législations l'objet de dispositions spéciales : la surdi-mutité et l'ivresse. Le projet les passe sous silence ; mais certainement quand il viendra en discussion, des amendements seront proposés. Il est donc intéressant et utile de rechercher sur ces deux points l'état actuel du droit.

Les Codes qui s'occupent des sourds-muets les assimilent aux mineurs ; mais, tandis que les uns appliquent la même règle à tous les individus atteints de cette infirmité (2), les autres con-

(1) Code pénal danois, art. 39 ; Code pénal finlandais, ch. III, § 4 ; Code pénal italien, art. 47 ; Code pénal suédois, ch. V, § 6 ; Codes suisses de : Appenzel, art. 41 ; Berne, art. 43 ; Glaris, art. 29 ; Neuchâtel, art. 70 ; Schwitz, art. 46 et avant-projet de Code pénal fédéral, art. 8, § 2.

(2) Code pénal allemand, art. 58 : Code pénal belge, art. 76 : Codes suisses de : Fribourg, art. 65 ; Tessin, art. 52. — Le Code pénal italien du 30 juin 1889 le traite même plus favorablement puisqu'il élève en sa faveur l'âge d'irresponsabilité à 14 ans et la majorité pénale à 24 ans, art. 57-58.

sidèrent que ceux qui savent lire et écrire (1), ou plus généralement qui ont reçu une instruction suffisante (2), se trouvent dans des conditions normales et restent soumis à la règle commune. Celle distinction nous semble fort sage. Quoiqu'on puisse dire, il est certain que les sourds-muets ne possèdent pas les idées abstraites qui se rattachent aux devoirs et aux obligations ; tant que l'éducation ne leur a pas révélé les vérités morales, ils n'obéissent qu'aux instincts de leur nature, et une loi qui tient compte de l'état psychologique de l'agent pour le punir doit prendre en considération l'obstacle matériel qui l'isole du monde extérieur.

Les divergences relatives à l'ivresse sont plus considérables. Certains Codes considèrent qu'elle exclut la responsabilité lorsqu'elle est complète, et qu'elle la diminue lorsqu'elle est incomplète (3) ; d'autres en font dans tous les cas une simple excuse atténuante (4). Presque tous restreignent l'abaissement de pénalité à l'ivresse involontaire (5) ; quelques-uns exigent même qu'elle ne soit pas habituelle (6). Le Code pénal russe (art. 106),

(1) C'est le système que consacrait le Code pénal italien du 20 novembre 1859, art. 92 et 93, et qui existe encore dans quelques pays. Voy. not. : Code pénal du Valais, art. 93.

(2) Code pénal norwégien, ch. VII, § 4 ; Code pénal russe, art. 98 ; Code pénal de Neuchâtel, art. 85.

(3) Code pénal autrichien, art. 2 ; Code pénal italien, art. 48 ; Code pénal portugais, art. 39, n° 21, 42 et 50 ; Code pénal roumain, art. 57 ; Code pénal du canton du Valais, art. 88.

(4) Code pénal espagnol, art. 9, § 6 ; Code pénal du Monténégro, art. 93 ; Code pénal du canton de Fribourg, art. 57 ; de Schwitz, art. 46.

(5) Le Code pénal italien, art. 48, même dans le cas d'ivresse volontaire admet une atténuation : l'*ergastolo* est remplacé par la réclusion de 1 à 8 ans et les autres peines sont diminuées de plus d'un sixième. — Le Code pénal du canton du Tessin, dans son art. 48, expose un système fort remarquable : « § 1. L'état d'ivresse complète exclut le dol non la faute. — § 2. Le crime ou le délit commis en état d'ivresse incomplète, qui a troublé, mais non enlevé, chez l'agent, la conscience de ses propres actions, est puni comme dolosif ; mais la peine est, dans ce cas, diminuée d'un degré. Cette diminution n'a pas lieu, lorsque l'ivresse a été déterminée par l'agent dans l'intention de commettre le crime ou le délit. — § 3. Toutefois l'état d'ivresse complète, involontaire ou accidentelle, exclut même la faute ».

(6) Code pénal espagnol, art. 9, § 6. D'après le Code pénal italien, l'atténuation dans ce cas est moins forte ; l'*ergastolo* est remplacé par la réclusion de 3 à 12 ans et les autres peines sont diminuées d'un sixième à un tiers.

dont le projet de réforme abandonne le système (1), va plus loin : il ne se contente pas de décider que l'ivresse préméditée laisse la responsabilité entière, il lui attribue le caractère de circonstance aggravante.

A notre avis, le législateur a raison de prévoir le cas d'ivresse et d'en déterminer les effets ; mais il nous semble moins heureux en distinguant entre les causes de l'ivresse. Même lorsque l'agent s'est mis dans cet état pour accomplir l'infraction projetée, la situation juridique ne change pas. Rien n'établit que le crime soit la conséquence de la préoccupation antérieure ; qui peut affirmer que l'agent n'aurait pas renoncé à son projet s'il en avait eu la liberté ? Est-il admissible que l'intention persiste quand les facultés mentales sont troublées ? Assurément, l'homme qui s'enivre est coupable d'une faute, tandis qu'il en serait irresponsable dans le cas contraire, comme tous ceux dont la conscience se trouve altérée par des causes indépendantes de la volonté, mais il ne sera jamais responsable que d'une faute, sans parler bien entendu des peines de l'ivresse considérée comme délit spécial. Cette solution n'a, du reste, rien de dangereux ; car, dans la pratique, il sera extrêmement rare de trouver l'ivresse complète (2).

§ 2. — *De la légitime défense.*

L'article 54 assimile la légitime défense à la démence : « Il n'y a ni crime ni délit (*ni contravention, devrait-il ajouter*) lorsque le prévenu était en état de légitime défense ou de démence au temps de l'action. » En faisant figurer cette cause de non-responsabilité dans la partie générale, le projet, imitant la plupart des législations étrangères (3), abandonne la méthode

(1) Il ne contient aucune disposition relative à l'ivresse qui rentre ainsi parmi les causes générales d'inconscience.

(2) C'est du reste en grande partie celle du Code pénal italien et surtout du Code pénal du canton du Tessin. — Elle est conforme au droit romain (L. 6, § 7, D. *De re militari*) ; au droit canonique (Décret de Gratien, *causa* 15, *questio* 1, *canon* 7) et à l'ancienne jurisprudence (voy. notamment Julius Clarus, *Sententiæ*, liv. V, quest. 64). C'est seulement à partir du XVIe siècle, sous l'influence de certains édits, qu'apparurent des distinctions entre les causes de l'ivresse.

(3) Le Code pénal belge, art. 416 et 417, et le Code pénal du canton du

défectueuse du Code pénal actuel qui en parle à propos du meurtre. Ce changement est à approuver sans réserve : ce qu'il faut regretter, c'est que la légitime défense fasse l'objet d'une simple mention.

Les conditions qu'exige le droit actuel, et par suite le projet à raison de son silence, pour l'existence de la légitime défense, sont au nombre de trois :

1° Il faut une attaque contre la personne. Bien que le texte ait tort de ne pas l'exprimer, il importe peu que cette attaque compromette la vie ou l'honneur de celui qui la repousse, qu'elle soit dirigée contre lui ou contre un tiers. Quant à l'attaque des biens, elle est insuffisante pour justifier la violence (1). Plusieurs législations récentes font au contraire rentrer la défense de la propriété dans la légitime défense (2).

2° Il faut qu'il y ait nécessité actuelle de recourir à la violence. Que décider si, à raison du trouble et de la crainte, la défense a été exercée dans des conditions excessives? La plupart des Codes étrangers ont eu soin de déterminer le sort des actes dépassant les limites de la nécessité pure : les uns les couvrant de la même impunité (3), les autres ne les faisant bénéficier que d'une simple excuse atténuante (4), d'autres enfin don-

Tessin, art. 293, suivent encore la méthode défectueuse de notre Code pénal.

(1) Sauf dans les cas exceptionnels de l'art. 329.

(2) Code pénal hollandais, art. 41 : « N'est pas punissable celui qui commet un acte commandé par la défense nécessaire de la vie, de l'honneur ou des *biens* de soi-même ou d'autrui contre une attaque soudaine et illégale. » Dans le même sens : Code pénal danois, art. 80 ; Code pénal hongrois, art. 79, Code pénal norvégien, ch. VII ; Code pénal suédois, ch. V, §§ 7-9 modifiés par la loi du 20 juin 1890 ; Code pénal des cantons de Berne, art. 52 ; Fribourg, art. 66 ; Neuchâtel, art. 73 ; Valais, art. 95 ; Vaud, art. 57 ; projet russe, art. 41.

(3) Code pénal hongrois, art. 79 ; Code pénal hollandais, art. 41 ; Code pénal norvégien, ch. VII, § 9 ; Code pénal suédois, ch. V, § 10 ; Code pénal de Bâle, art. 35 ; Code pénal du canton de Neuchâtel, art. 73 ; projet de Code pénal espagnol, art. 32, 1° (31, 1°).

(4) Code pénal italien, art. 50 ; Code pénal portugais, art. 39, n° 17 ; Code pénal des cantons de : Berne, art. 54 ; Fribourg, art. 66 ; Schwitz, art. 39 ; Valais, art. 95 ; Vaud, art. 57 ; Zurich, art. 49 ; Avant-projet du Code pénal fédéral suisse, art. 15.

nant le choix suivant les circonstances (1). Le silence du texte laisse les pouvoirs du juge illimités et ne fournit aucun critérium.

3° Il faut que l'attaque soit injuste. Celle condition résulte de la dénomination même de légitime défense.

§ 3.— *De la contrainte.*

La contrainte exclut la responsabilité au même titre que la légitime défense et que la démence. L'article 54 après avoir dit : « il n'y a ni crime ni délit lorsque le prévenu était en état de légitime défense ou en état de démence au temps de l'action » ajoute : « ou lorsqu'il a été contraint par une force à laquelle il n'a pu résister. »

Comme pour la légitime défense et la démence, le texte n'est ni assez large puisqu'il ne parle pas des contraventions, ni assez explicite puisqu'il ne définit pas l'état de nécessité. La contrainte, qu'elle soit physique ou morale, ne fait disparaître la criminalité de l'acte qu'elle provoque qu'autant qu'elle crée un péril actuel, qu'elle n'a pas été provoquée et qu'elle ne pouvait être autrement évitée. Sur ces conditions, qu'ils expriment presque tous explicitement, les Codes étrangers sont d'accord ; ils diffèrent, au contraire, lorsqu'ils prévoient le cas où la contrainte menace un tiers : les uns énumèrent les personnes en faveur desquelles l'intervention est licite (2), les autres laissent au juge une liberté entière d'appréciation (3). Ce dernier système semble le meilleur, puisqu'il permet d'affranchir de toute peine un véritable acte de générosité.

§ 4. — *De l'ordre de la loi et du commandement de l'autorité.*

Le Code pénal dispose dans son article 327 : « Il n'y a ni crime ni délit, lorsque l'homicide, les blessures et les coups étaient ordonnés par la loi et commandés par l'autorité légiti-

(1) Code pénal danois, art. 40 ; Code pénal finlandais, ch. III, § 9 ; Code pénal suédois, ch. V, § 9 ; Codes suisses de : Appenzel, art. 40 ; Argovie, art. 46-50 ; Glaris, art. 31 ; Grisons, art. 45-47 ; Saint-Gall, art. 25-26 ; Thurgovie, art. 27 ; et avant-projet Code pénal fédéral, art. 15, § 2.

(2) Code pénal allemand, art. 52 ; Code pénal hongrois, art. 78.

(3) Code pénal italien, art. 49, n° 3 ; Code pénal du canton de Neuchâtel, art. 74 ; Avant-projet de Code pénal fédéral suisse, art. 16.

me ». Le principe, que consacre ce texte, s'applique aux actes de toute nature ; sa place rationnelle se trouve donc dans la partie générale du Code pénal, et telle est, en effet. celle que lui assignent les législations les plus récentes. Il est surprenant que le projet n'ait pas opéré une semblable réforme.

L'article 327 exige pour la justification des faits commis le concours de deux conditions : l'ordre de la loi et le commandement de l'autorité légitime. Beaucoup de textes étrangers (1) se contentent,au contraire,de l'une ou de l'autre de ces conditions. La règle de notre droit présente de plus sérieuses garanties.

§ 5. — *De l'ignorance et de l'erreur.*

Le projet ne s'occupe pas de cette très délicate matière ; il y a là une lacune à combler. Si l'ignorance et l'erreur restent sans influence sur la responsabilité lorsqu'elles se rapportent au droit, il n'en est plus de même lorsqu'elles se rapportent au fait. Voici brièvement résumé le système qui semble le plus rationnel, et que consacrent d'une manière plus ou moins complète les législations qui ont cherché à résoudre le problème (2). L'ignorance et l'erreur portent-elles sur les faits constitutifs de l'infraction ? Elles servent d'excuse toutes les fois que la loi exige l'intention criminelle pour punir et,dans le cas contraire, transforment la nature de l'infraction. Portent-elles sur la personne ou sur la chose contre laquelle l'acte est dirigé ? Elles laissent entière la responsabilité ; mais l'agent n'encourt pas une peine plus grave que celle qui l'aurait atteint sans l'erreur commise, et profite de toutes les circonstances qui auraient diminué la peine sans cette erreur.

§ 6. — *De la minorité.*

La question d'âge exerce sur la responsabilité une influence considérable : suivant les cas, elle l'exclut ou la diminue. Ce

(1) Code pénal hollandais, art. 42-43 ; Code pénal hongrois, art. 474 ; Code pénal italien, art. 49, 1° ; Code pénal portugais, art. 298 ; la plupart des Codes suisses et l'avant-projet de Code pénal fédéral, art. 17.

(2) Voy. not.: Code pénal italien, art. 52 ; Code pénal portugais, art. 29 ; Code pénal de Neuchâtel, art. 69 et avant-projet de Code pénal fédéral suisse, art. 12

principe, qu'admettent toutes les législations positives, comporte dans son application les plus grandes divergences (1).

Les dispositions du Code pénal actuel prêtent à de vives critiques. La grande enquête parlementaire de 1872-1873, dont les résultats ont été consignés dans les rapports de MM. d'Haus-

(1) La responsabilité de l'enfant comportant diverses périodes, il nous a paru préférable de présenter les dispositions des principales législations de l'Europe sous une forme synoptique, qui permet d'en saisir plus facilement le système.

LÉGISLATIONS	Période d'irresponsabilité	Période de responsabilité selon qu'il y a discernement ou non	Période où le discernement est présumé mais où les peines sont atténuées	Période de responsabilité
Allemagne.	jusqu'à 12 ans	12 à 18 ans		à partir de 18 ans
Autriche. Code.	10	10 à 14	14 à 20 ans.	20
. . . . Projet.	12	12 à 18	18 à 21	21
Angleterre.	7	7 à 14		14
Belgique.	10	10 à 16	pas de peine mort avant 18 ans.	16
Danemark.	10	10 à 15	15 à 18	18
Espagne. Code.	9	9 à 15	15 à 18	18
. . . . Projet.	9	9 à 15	15 à 18	18
Finlande.	15		15 à 18	18
Grèce.	10	10 à 14		14
Hollande.	10	10 à 16		16
Hongrie.	12	12 à 16	ni mort ni prison perp. avant 20 ans.	16
Italie.	9	9 à 14	14 à 18 et 18 à 21.	21
Luxembourg.		moins de 16		16
Portugal.	10	10 à 14	14 à 20	20
Norwège.	10	10 à 15	15 à 18	18
Roumanie.	8	8 à 15	15 à 20	20
Russie. Code.	7	7 à 14	14 à 21	21
. . . . Projet.	10	10 à 17	17 à 21	21
Serbie.	7	7 à 14	14 à 21	21
Suède.	15		15 à 18	18
Suisse. Av. p. C. p. fédéral.	14	14 à 18		18
Cantons de :				
Appenzell.	12	12 à 18		18
Bâle-Ville.	14	14 à 18		18
Berne.	12	12 à 16		16
Fribourg.	12	12 à 16	pas p. mort avant 20 ans.	16
Genève.	10	10 à 16		16
Lucerne.	10	10 à 18		18
Neuchâtel.	12	12 à 18	18 à 20	20
St-Gall.	12	12 à 16	16 à 19	19
Tessin.	10	10 à 14	14 à 20	20
Thurgovie.	12	12 à 16		16
Valais.	14	14 à 18	18 à 23	23
Vaud.	14	14 à 18		18
Zug.	12	12 à 16		16
Zurich.	12	12 à 16	16 à 19	19
Turquie.		moins de 15		15

sonville et Voisin, a signalé un certain nombre de réformes urgentes, qui malheureusement ne sont pas encore réalisées.

En France, il n'existe pas d'âge au-dessous duquel l'impunité absolue serait reconnue de plein droit en vertu d'une présomption indestructible. Cette règle, contraire à l'ancienne jurisprudence, qui suivait sur ce point la tradition romaine, est une innovation du Code pénal de 1791. Elle nous est restée particulière. Presque toutes les nations de l'Europe repoussent les poursuites contre les jeunes enfants : celles même, qui ont adopté notre Code pénal, ont eu soin de le reviser en ce sens. N'y a-t-il pas lieu de consacrer une réforme analogue ? Telle est la question qui pendant ces dernières années a fait l'objet des plus sérieuses discussions. La commission de réforme du Code pénal se prononce pour l'affirmative : « Le mineur de dix ans ne peut être l'objet d'aucune poursuite » (art. 57). Ce texte a déjà rencontré de nombreux adversaires (1). Il nous semble que c'est à tort. L'adoption d'un âge d'irresponsabilité ne peut produire que d'heureux résultats (2) et ne présente aucun inconvénient pratique, puisque plusieurs circulaires du Ministre de la justice prescrivent aux parquets de ne pas poursuivre les tout jeunes délinquants (3).

Si l'enfant doit échapper à la peine pendant les premières années de sa vie, il n'en résulte pas qu'il ne puisse être soumis à certaines mesures de protection tant dans son intérêt que dans l'intérêt de la société (4). A quelle autorité appartient-il

(1) La question a été discutée, en 1892, à la Société générale des Prisons, dont l'assemblée ne vote pas de résolution ; la 1re section chargée par le bureau directeur de son examen avait repoussé la fixation d'un âge minimum. *Bull.*, 1892, p. 6, 166, 249, 413.

(2) L'Union internationale du droit pénal dans sa session de Berne, 1890, s'est prononcée en faveur de l'irresponsabilité pénale des enfants qui n'ont pas atteint l'âge de 14 ans. *Bull.*, 1891, p. 223. Conf. les rapports qui ont précédé le vote. *Bull.*, 1890, p. 66.

(3) L'âge indiqué est 7 à 8 ans.

(4) Dans plusieurs États de l'Empire allemand, le Code pénal fédéral laissant toute liberté sur ce point, l'enfant ne peut être enlevé à ses parents pendant les six premières années de son existence : Prusse, loi du 13 mars 1878 ; Grand-Duché de Bade, loi du 4 mai 1886 ; Hambourg, loi du 6 avril 1887 ; Grand-Duché de Hesse, loi du 11 juin 1887. — *Sic*, Code pénal finlandais, ch. III, § 1, qui élève l'âge à 7 ans.

d'ordonner ces mesures? Le projet, reproduisant la règle qui se trouve en vigueur dans différents États (1), répond au tribunal civil : « S'il a commis un fait qualifié crime ou délit par la loi et entraînant l'emprisonnement, la détention ou une peine supérieure, le tribunal civil peut, à la requête du ministère public, ordonner qu'il soit placé dans un établissement d'éducation et de réforme jusqu'à l'âge de vingt et un ans au plus, art. 57 ». La responsabilité pénale se trouvant écartée, l'intervention du juge répressif serait illogique ; peut-être l'article aurait-il dû ajouter, comme quelques textes étrangers (2) : le tribunal civil statuant en chambre du conseil. La publicité ne peut, en effet, en cette matière qu'être nuisible.

Le mineur qui a dépassé l'âge d'irresponsabilité absolue — déterminée par la loi ou laissée à l'appréciation des magistrats — se trouve encore dans une situation particulière. Jusqu'à la majorité pénale, le ministère public est tenu de prouver qu'il a agi avec discernement, et la juridiction compétente doit résoudre cette question d'une manière spéciale. En cas de réponse négative, l'acquittement ou le renvoi d'instance est prononcé, et, s'il y a lieu, des mesures de correction ou d'éducation sont ordonnées. En cas de réponse affirmative, la pénalité encourue est atténuée. Enfin, pour éviter aux jeunes délinquants la solennité de la cour d'assises, ils ne sont en principe justiciables que du tribunal correctionnel. Ce système, qui fonctionne presque partout avec diverses variantes, se trouve vicié en France par deux graves erreurs (3) : 1° La minorité civile se prolonge jusqu'à 21 ans ; l'internement correctionnel cesse au plus tard à 20 ans ; le mineur retombe donc sous l'autorité à laquelle le tribunal avait voulu le soustraire et l'amendement

(1) Code pénal hollandais, art. 38, § 2 ; Code pénal italien, art. 53, § 2. — En Allemagne, la compétence appartient à l'autorité chargée du contrôle des tutelles : Code pénal, art. 55, § 2.

(2) Voy. les articles cités à la note précédente. — La section de la Société générale des prisons chargée d'examiner la proposition, dont nous avons déjà parlé, s'est prononcée en ce sens, bien qu'elle attribue compétence à la justice répressive.

(3) Elles ont été évitées par le Code pénal belge, art. 72. — Conf. les résolutions votées par le Congrès pénitentiaire international de Paris, 1895, sect. 4. VI.

moral est ainsi compromis. 2° En cas de condamnation, les juges ne peuvent pas ordonner qu'à l'expiration de la peine le mineur, au lieu de rentrer dans sa famille dont l'influence lui est néfaste, sera envoyé dans une maison de correction. Cette lacune, qui enlève toute utilité au châtiment, établit une inégalité choquante entre les jeunes délinquants, et excite des regrets malsains. La commission de revision a tenu compte de ces critiques ; aussi les articles qu'elle propose sont-ils beaucoup plus corrects : « Le mineur de seize ans, s'il est décidé qu'il a agi sans discernement, sera acquitté, mais il sera, selon les circonstances, remis à ses parents ou conduit dans un établissement d'éducation et de réforme pour y être retenu pendant un tel nombre d'années que le jugement déterminera et qui toutefois ne pourra excéder l'époque où il aura accompli sa vingt et unième année » (art. 58). — « S'il est décidé qu'il a agi avec discernement, les peines seront prononcées ainsi qu'il suit : s'il a encouru la peine de mort ou l'emprisonnement perpétuel, il sera condamné à un emprisonnement de dix à vingt ans ; — s'il a encouru les peines de l'emprisonnement temporaire ou de la détention, il sera condamné à l'emprisonnement ou à la détention pour un temps égal au tiers au moins et à la moitié au plus de celui pour lequel il aurait pu être condamné à l'une de ces peines. — Le tribunal pourra en outre ordonner qu'à l'expiration de sa peine le condamné sera envoyé dans une maison de correction pour y être retenu jusqu'à sa majorité » (art. 59). — « L'individu âgé de moins de seize ans qui n'aura pas de complices présents au-dessus de cet âge et qui sera prévenu de crimes autres que ceux que la loi punit de la peine de mort ou de l'emprisonnement perpétuel, sera jugé par les tribunaux correctionnels » (art. 61).

Dans notre droit, la responsabilité devient entière aussitôt la majorité pénale atteinte. Tel est aussi le système de quelques législations étrangères ; la plupart admettent, au contraire, une période intermédiaire : le discernement est présumé, mais le châtiment se trouve encore atténué dans une certaine mesure. Le projet ne contient aucune disposition à cet égard ; son silence paraîtra regrettable à plus d'un criminaliste. Il serait aussi juste qu'humain d'admettre un adoucissement à la pénalité jusqu'à l'âge de dix-huit ans (1).

La tendance du droit moderne est donc non d'affranchir l'enfant de toute responsabilité mais de proportionner à son développement moral les mesures d'éducation, de correction et de répression. L'idée de protection et de bienfaisance se substitue de plus en plus à l'idée d'expiation et de châtiment. On cherche moins à punir le fait accompli qu'à donner au coupable une direction morale et à le ramener au bien. Le point de vue spéculatif disparaît devant le point de vue pratique (2). S'il existe de si grandes divergences entre les nations relativement à l'âge d'irresponsabilité absolue et à la majorité pénale, elles tiennent moins à une différence d'appréciation du discernement qu'à un désaccord sur l'opportunité des mesures qu'impose l'état social. Voilà pourquoi dans les deux pays les plus extrêmes de l'Europe, la Grèce et la Suède, la majorité pénale est le plus tôt atteinte et au même âge : 14 ans, tandis qu'elle est retardée jusqu'à sa dernière limite : 23 ans dans le pays le plus central, le canton suisse du Valais. Comme l'a dit fort justement M. Léveillé : « il ne s'agit pas d'une question de latitude comparée, mais d'une question de législation comparée. »

Ce courant d'idées a conduit d'éminents criminalistes à penser qu'il serait bon de ne plus prononcer contre les mineurs avant la majorité pénale aucune condamnation ; car, leur infliger une flétrissure, c'est compromettre leur avenir. Les coupables, lorsque cette mesure deviendrait nécessaire, seraient simplement enlevés à leur famille et placés dans des maisons d'éducation ou de correction. Tel est le vœu qu'ont émis d'éminents criminalistes (3), et qui tend à se réaliser dans la pra-

(1) Résolution votée par le Comité de défense des enfants traduits en justice, séance du 7 juin 1893, *Revue pénitentiaire*, 1893, p. 963 et par le Congrès pénitentiaire international de Paris. 1895, sect. 4, I.

(2) L'Union internationale de droit pénal dans sa session de Berne, 1890, a émis l'avis que « la question de discernement doit être abolie et remplacée par une autre question, à savoir : s'il est nécessaire de soumettre l'enfant à la tutelle publique ». Le Congrès pénitentiaire international réuni à Anvers, 1890, a voté une résolution analogue. — Conf. Code pénal finlandais, ch. III, § 2.

(3) Le Congrès pénitentiaire international réuni à Anvers, 1890, a émis

tique de divers États (1). En France, sous les sollicitations pressantes du Comité de défense des enfants traduits en justice, qui, à Paris, rend d'inestimables services, la jurisprudence du tribunal de la Seine s'est complètement modifiée : presque tous les mineurs sont acquittés comme ayant agi sans discernement, et, lorsqu'ils ne sont pas remis à leur famille, ils sont envoyés dans une maison de correction. Cette pratique si louable n'a malheureusement pas encore triomphé devant les autres tribunaux. Il existe dans la magistrature un parti important qui ne veut pas entendre parler de la maison de correction, et qui préfère, en reconnaissant le discernement, prononcer une peine légère. C'est là une erreur dont les statistiques révèlent les conséquences funestes. L'emprisonnement, loin de corriger l'adolescent, ne fait que le pervertir ; quant à l'amende, infligée à celui qui ne peut la payer, elle manque complètement de sens.

Le perfectionnement des établissements pénitentiaires destinés aux jeunes délinquants constitue le complément nécessaire des diverses réformes (2). Avant tout, il importe d'éviter les promiscuités dangereuses en séparant les mineurs acquittés des mineurs condamnés et internés à l'expiration de leur peine.

un vœu en ce sens. — Conf. les discussions très approfondies qui ont eu lieu à la Société générale des prisons, en 1890, *Bull.*, 1890, p. 5, 137, 253, 375 et 489 ; au Comité de défense des enfants traduits en justice, en 1893, *Revue pénitentiaire*, 1893, p. 963 ; à l'association Howard, en 1893, *Compte rendu des travaux du 1er octobre.*

(1) Voici quelques lois étrangères prises parmi les plus intéressantes : Dans le canton de Neuchâtel, une loi du 25 septembre 1893, art. 2 et 3, permet de substituer les arrêts scolaires à la prison en ce qui concerne les infractions légères commises par les mineurs de 16 ans. L'avant-projet du Code pénal fédéral suisse contient aussi une disposition analogue : art. 6 et 7. — La loi anglaise du 22 septembre 1893 publiée sous ce titre : *An act to amend the law relating to reformatory schools*, 56 et 57 Vict., c. 48, permet, art. 1er, la substitution de la maison de correction à la peine. — La loi belge du 27 novembre 1891, art. 13, donne le droit aux juridictions d'instruction d'acquitter les mineurs. — Diverses lois se servent de la réprimande judiciaire (pour le détail de l'institution, voy. le ch. VI) à l'égard des mineurs : Code pénal allemand, art. 57, n° 4. Loi du 23 novembre 1893, art. 13, pour le canton de Bâle-Ville. Le projet de réforme du Code pénal russe ne la destine plus qu'à cet emploi : art. 38.

(2) La loi belge du 27 novembre 1891, qui a consacré de nombreuses innovations, mérite tout particulièrement d'être signalée.

Les articles 58 et 59 du projet ordonnent le placement des premiers dans des maisons d'éducation et de réforme, et des seconds dans des maisons de correction ; l'article 60 ajoute : « Les maisons d'éducation et de réforme sont placées sous l'autorité et la surveillance du ministre de l'Intérieur. » Pourquoi ce dernier texte ne mentionne-t-il pas les maisons de correction ? Il est bien entendu pourtant qu'elles ne se confondent pas avec les autres.

A côté de l'Etat, il y a place pour l'initiative privée. La législation actuelle n'autorise pas les tribunaux à ordonner la remise de l'enfant à une institution particulière ou à une famille (1). C'est une lacune regrettable qu'il importe de signaler.

§ 7. — *Des excuses.*

Les excuses sont des faits précisés par la loi qui atténuent ou même suppriment la pénalité qu'encourt l'infraction commise. De cette définition, il résulte qu'elles n'existent que sous les conditions expressément déterminées ; aussi l'article 56 du projet dispose-t-il : « Nul crime ou délit ne peut être excusé, ni la peine mitigée, que dans les cas et dans les circonstances où la loi déclare le fait excusable ou permet de lui appliquer une peine moins rigoureuse. »

§ 8. — *Des circonstances atténuantes.*

Les circonstances atténuantes sont des excuses judiciaires qui résultent de faits que le législateur n'a pas spécialement déterminés et dont l'appréciation est livrée au pouvoir discrétionnaire du juge. L'article 463 du Code pénal français forme,

(1) Cass., 20 juillet 1893, arrêt rendu sur pourvoi du Procureur général par annulation dans l'intérêt de la loi d'un jugement du Tribunal correctionnel d'Argentan, 6 août 1891 (*Revue pénitentiaire*, 1893, p. 1195 ; *Pand. pér.*, 1894, 1, 176).

En Allemagne, le placement dans une famille se trouve indiqué au premier rang. Une loi du 18 juillet 1890 étend ce système à l'Alsace-Lorraine.

Voy. le projet de réforme de la loi du 5 août 1850 sur l'éducation et le patronage des jeunes détenus discuté par le Comité de défense des enfants traduits en justice, séance du 6 juin 1894, *Revue pénitentiaire*, 1894, p. 835. — Conf. les résolutions prises par l'Union internationale du droit pénal, session de Berne, 1890, et par les Congrès pénitentiaires internationaux de Saint-Pétersbourg, 1890 et de Paris, 1895.

sous une rubrique spéciale : Dispositions générales, un appendice au titre II du livre III : Crimes et délits contre les particuliers. Comme le système qu'il consacre s'applique à toutes les matières de droit commun, il doit être placé dans la partie générale. Le projet adopte cet ordre rationnel.

Les circonstances atténuantes, avec une réglementation plus ou moins différente, se trouvent consacrées par diverses législations (1) ; quelques-unes distinguent même deux degrés : les circonstances atténuantes et les circonstances très atténuantes (2). Tel n'est cependant pas le système le plus répandu. Le droit allemand a exercé sur ce point une influence considérable : à son exemple, de nombreux Codes (3) énumèrent une liste d'excuses souvent fort longue, mais refusent d'admettre des motifs indéterminés d'atténuation.

Les divergences du droit positif soulèvent un grave problème. Avant tout, il importe d'éviter une confusion qui semble avoir jeté un véritable discrédit sur cette institution.

Lorsque les circonstances atténuantes sont destinées, comme dans l'état actuel de notre législation (4), à remédier aux la-

(1) Code pénal belge, art. 79, 85 ; Code pénal hongrois, art. 91, 92 ; Code pénal italien, art. 59 ; Code pénal luxembourgeois, art. 79, 85 ; Code pénal roumain, art. 60. — Quelques Codes suisses admettent aussi les circonstances atténuantes pour les peines perpétuelles. — L'article 471 du Code pénal de Monaco, modifié par l'ordonnance du 24 juin 1892, reproduit l'article 463 du Code pénal français. — Conf. Code pénal espagnol, art. 9, § 8 *a* et projet de réforme, art. 33 (32) ; Code pénal portugais, art. 39, n° 23.

(2) Ce système fonctionne, depuis 1844, dans le canton de Genève où il se combine avec l'institution du jury en toute matière. Les articles 40 et 41 du Code pénal ont été remplacés par les art. 361, 362 et 412 du Code d'instruction criminelle du 25 octobre 1884. Une loi du 1er octobre 1890 a rendu la déclaration de circonstances très atténuantes inutile en matière correctionnelle, la déclaration de circonstances atténuantes ayant pour effet de supprimer tout minimum.

(3) Dans certaines législations, le minimum de la peine afférente à chaque infraction est si peu élevé qu'il rend inutile la déclaration de circonstances atténuantes.

(4) Cette conception de l'institution ne peut faire aucun doute. Voy. not., dans les travaux préparatoires de la loi de revision de 1832, l'exposé des motifs de M. le Garde des Sceaux Barthe et le rapport à la Chambre des députés de M. Dumont. En Belgique, lors de la discussion du nouveau Code pénal, il a été formellement déclaré que les circonstances atténuantes ne devraient

cunes et aux imperfections de la loi, elles prêtent aux plus vives critiques. Il appartient au législateur d'édicter les principes, d'établir les incriminations, de graduer les peines. Agir autrement constitue de sa part une abdication nuisible au premier chef, puisque la règle de droit, au lieu d'être uniforme, dépend de la variété des appréciations particulières. On ne saurait trop insister sur l'erreur de cette conception juridique; car, c'est elle qui semble être la principale cause de l'infériorité notable de notre droit pénal. Et, de fait, s'il fallait l'admettre, à quoi serviraient des règles plus ou moins bien faites, puisque l'appréciation souveraine des jurés ou des juges les remplacerait.

Lorsque les circonstances atténuantes servent à mettre le châtiment en rapport avec la criminalité objective ou subjective de chaque infraction en tenant compte des conditions dans lesquelles elle s'est produite, elles donnent les plus heureux résultats. En présence de l'infinie diversité des actions humaines, il est indispensable de laisser à la disposition du juge un mode de mitigation correspondant aux besoins de la vie pratique.

Si les circonstances atténuantes semblent indispensables, elles sont en même temps suffisantes ; il n'y a pas lieu, au moins actuellement, de transporter dans notre droit le système des circonstances très atténuantes. Une proposition en ce sens avait été faite au Sénat le 4 mai 1885 par M. Bozérian ; elle n'a pas abouti, la Cour de cassation consultée sur l'opportunité d'une semblable réforme ayant émis un avis défavorable (1).

Le projet reproduit des règles analogues à celles du Code pénal actuel, mais avec de sérieuses améliorations qui proviennent en partie de la supériorité de son régime pénitentiaire. L'article 62 dispose : « Lorsque les circonstances atténuantes auront

jamais servir à corriger les imperfections de la loi. Nypels, *Législ. cr. de la Belgique, Comment.* III, n° 6.

(1) Avis en date du 17 mai 1887 émis sur le rapport de M. le conseiller Tanon. M. Ninard, au nom de la commission d'initiative du Sénat, avait proposé d'attacher à la déclaration de circonstances atténuantes la suppression du minimum de la peine encourue. Ce système présentait l'avantage de réserver à la magistrature le soin de statuer. — En sens inverse, nous avons fait connaître la tentative de M. le Sénateur Bérenger pour le cas où les travaux forcés se trouvent substitués à la peine de mort.

été déclarées en faveur d'un accusé ou d'un prévenu, les peines prononcées par la loi seront modifiées ainsi qu'il suit : — si la peine prononcée par la loi est la mort, la peine appliquée sera l'emprisonnement perpétuel ou temporaire, sans que le minimum puisse être abaissé au-dessous de cinq ans. — Si la peine est celle de l'emprisonnement perpétuel, le juge appliquera l'emprisonnement à temps sans que le minimum puisse être abaissé au-dessous d'un an.— Si la peine est celle de l'emprisonnement temporaire ou de la détention, le juge ne pourra l'élever au-dessus de la moitié du maximum porté par la loi. Dans le cas où le maximum n'est pas supérieur à cinq ans le juge pourra substituer à l'emprisonnement ou à la détention soit les arrêts de police, soit l'amende.—Si la peine est celle des arrêts de police, le juge pourra y substituer l'amende de un franc à deux cents francs. »

La déclaration de circonstances atténuantes permet de dispenser de la relégation les condamnés qui ne l'ont pas encore encourue : « En cas de circonstances atténuantes, dit l'article 63, le juge pourra dispenser, pour la première fois seulement, le condamné de la relégation ».

Les articles 64 et 65 prévoient le concours des circonstances atténuantes et de la récidive. C'est en traitant cette dernière matière que nous allons étudier le système qu'ils admettent.

§ 9. — *De la récidive.*

La récidive fournissant la preuve de la perversité profonde de l'agent et de l'insuffisance du châtiment antérieur doit entraîner l'élévation de la peine encourue pour la seconde infraction. Ce principe, contesté par quelques criminalistes, est aujourd'hui un des plus certains de la science juridique, et se trouve en vigueur dans presque tous les pays (1).

Les articles 64 et 65, les seuls qui soient relatifs à la récidive,

(1) Les Codes pénaux allemand, hongrois, autrichien et le projet de réforme de ce dernier Code n'édictent aucune règle générale ; ils se bornent à consacrer l'aggravation dans des cas assez nombreux. Le Code pénal hollandais fait aussi de la récidive une incrimination spéciale, mais ses articles 421-423 forment le tit. XXXI : Dispositions relatives à la récidive de délits communes aux différents titres.

disposent : « Si un individu après avoir été condamné à plus de trois mois d'emprisonnement résultant d'un ou plusieurs arrêts ou jugements, commet un nouveau crime ou délit entraînant l'emprisonnement, la durée de la peine ne pourra être abaissée, même en cas de circonstances atténuantes, au-dessous de la moitié du maximum fixé par la loi, s'il n'excède pas deux ans, ni au-dessous d'une année, dans le cas où elle serait supérieure à deux ans.—La disposition du paragraphe précédent cesse d'être applicable lorsque le nouveau délit a été commis plus de cinq ans après la libération définitive » (64). « Si un individu, après avoir été condamné à un an d'emprisonnement, commet, dans un délai de dix ans à partir de sa libération, un nouveau crime ou un délit passible au minimum d'une année d'emprisonnement la peine portée par la loi pourra être augmentée d'un tiers, Elle ne pourra, même en cas de circonstances atténuantes, être abaissée au-dessous de la moitié du maximum porté par la loi, s'il n'excède pas dix ans, ni au-dessous de cinq ans, dans le cas où il serait supérieur à dix ans. — Si la peine portée par la loi est la mort ou l'emprisonnement perpétuel, la peine ne pourra, même en cas de circonstances atténuantes, être abaissée au-dessous de huit ans.— La disposition des paragraphes précédents cesse d'être applicable lorsque le nouveau crime ou le délit a été commis dans un délai de dix ans depuis la libération » (65). Ces textes résolvent les difficultés qui divisent le droit positif. Ils doivent être étudiés avec soin ; car la récidive, dont la progression constante semble affecter les apparences d'un phénomène naturel, n'est pas la conséquence irrémédiable des grandes civilisations. Un exemple saisissant prouve l'efficacité de la résistance ; en Angleterre, à la suite d'efforts persistants, la récidive a fini par entrer dans la période de décroissance.

1° La répression de la récidive suppose-t-elle nécessairement que la seconde infraction soit du même genre que la première ? En d'autres termes, doit-on punir la récidive générale ou absolue ou bien la récidive spéciale ou spécifique ?

Le Code pénal français admettait le principe de la récidive générale tant pour les crimes que pour les délits. La loi du

26 mars 1891 a établi le principe de la spécialité en matière correctionnelle. Les deux principes existent donc concurremment. A l'étranger, la nécessité de la spécialité prévaut presque partout (1) ; aussi paraîtra-t-il surprenant que le projet l'abandonne complètement. Ce retour à l'ancienne règle s'explique et se justifie par le désir de donner plus d'efficacité à la répression. La perversité humaine n'est pas moins redoutable lorsqu'elle se révèle sous des formes différentes : elle ne dépend pas, en effet, d'une analogie plus ou moins complète entre les infractions successives mais de la persistance mise par le délinquant à enfreindre la loi pénale (2).

2° Convient-il de limiter l'effet de la première condamnation à une certaine durée de temps ?

Le Code pénal français s'était prononcé pour la négative. Quelques lois ultérieures fixèrent, au contraire, un délai pour la rechute des infractions qu'elles réprimaient, et la loi de 1891 étendit cette règle à tous les délits. Cette restriction justifie seule l'aggravation de peine qu'occasionne la récidive ; car une faute commise longtemps après la condamnation ne prouve pas cette perversité, cette obstination qu'elle a pour but de réprimer (3). De cette remarque, il résulte qu'un délai devrait exister en toute matière aussi bien pour les crimes que pour les délits. Tel est, en effet, le système de la plupart des législations étrangères (4) auxquelles se rallie le projet : le délai, suivant

(1) La Belgique qui avait suivi la règle du droit français entre à son tour dans cette voie.—D'après le Code pénal italien, art. 80, al. 1er, la récidive générale n'entraîne pas l'aggravation de la peine ; mais elle a pour effet d'empêcher l'application du minimum. — Voy. Code pénal finlandais, ch. VI, § 1 et avant-projet du Code pénal fédéral suisse, art. 38.

(2) Résolution votée par le Congrès pénitentiaire international de Paris, 1895 : « La récidive peut être, suivant la gravité des cas, générale, spéciale, ou subordonnée à des conditions de temps », sect. 1, I.

(3) Voy. les remarquables rapports de M. Bérenger au Sénat, et de M. Barthou à la Chambre des députés.

(4) Délai de 10 ans : Codes pénaux allemand, 244, 246, 250, 261, 264 ; danois, art. 61 ; finlandais, ch. VI, § 2 ; hongrois, art. 338, 349, 371, 381 ; de Fribourg, art. 78 ; de Neuchâtel, art. 98 ; du Tessin, art. 71. — Délai de 8 ans : Code pénal portugais, art. 35.—Délai de 5 ans : Codes pénaux hollandais, art. 421-423 (ou durée de la prescription) ; belge, art. 54-56 ; luxembourgeois, art. 54-56 ; avant-projet du Code pénal suisse, art. 38. — Délai de

la gravité de l'infraction antérieure, est de cinq ans ou de dix ans.

3° La récidive suppose-t-elle que la première peine a été subie effectivement ou suffit-il que cette peine soit devenue irrévocable quoique non exécutée ?

Suivant une doctrine, que consacrait autrefois le Code pénal toscan (art. 82, § 1), et que consacrent encore aujourd'hui diverses législations (1), la récidive suppose que le coupable a subi la peine prononcée contre lui. Pour la justifier, on dit que l'insuffisance du châtiment motive seule l'aggravation, et qu'on ne peut parler de l'insuffisance d'un châtiment qui n'a pas été subi. La plupart des législations, en y comprenant la nôtre et le projet de réforme, se contentent au contraire de l'irrévocabilité de la condamnation. Cette seconde doctrine place avec raison le fondement de la récidive dans le mépris que fait le condamné de l'avertissement qui lui a été donné.

4° De quelle manière l'aggravation de pénalité doit-elle s'opérer ?

Deux systèmes principaux sont en présence : l'un sans changer la nature de la peine augmente sa durée, l'autre élève la peine d'un degré. De ces deux systèmes, le premier est de beaucoup le plus répandu. Le second n'est consacré nulle part d'une manière absolue ; mais quelques législations étrangères le combinent avec le premier (2) ou l'admettent à titre exceptionnel (3). D'après le Code pénal français de 1810 (art. 56), la récidive des crimes entraînait l'application de la peine immédiatement supérieure ; cette règle reçut quelques tempéraments en 1832. Le projet, se conformant aux principes que proclame

10 ans ou de 5 ans, suivant la gravité de la condamnation antérieure : Code pénal italien, art. 80-81 ; Code pénal de Genève, art. 34-36 ; projet de Code pénal espagnol, art. 114 (texte revisé par la commission, art. 112).

(1) Code pénal allemand ; Code pénal hongrois ; Code pénal hollandais (art. cités) ; Code pénal finlandais, ch. VI, § 1 ; Code pénal suédois, ch. IV, § 11 ; Code pénal russe, art. 131-132 et projet, art. 58 ; Code pénal de Berne, art. 62-64 ; de Genève, art. 34-36.

(2) Voir not. Code pénal hongrois, art. cités.

(3) Code pénal de Fribourg, art. 71 et 127 ; de Neuchâtel, art. 96 ; de Vaud, art. 69.

la science juridique, ne change plus dans aucun cas la nature de la peine.

5° Faut-il tenir compte du nombre des récidives et élever la pénalité à mesure qu'elles se succèdent ?

Notre droit pénal, que confirme le projet, ne tient pas compte de cet élément d'appréciation (1). La proposition de M. Bérenger, qui est devenue la loi du 26 mars 1891, établissait, au contraire (art. 1er), une progression à chaque nouvelle récidive correctionnelle. Le Sénat la considérant comme incompatible avec l'esprit du droit moderne refusa de l'admettre. Cette raison est loin d'être décisive : la règle, que proposait l'éminent criminaliste, fonctionne avec succès dans divers Etats (2). En Angleterre où elle se combine avec le pardon, elle a produit les meilleurs résultats ; les jurisconsultes vont même jusqu'à lui attribuer la diminution de criminalité qu'attestent les statistiques récentes.

6° L'aggravation de peine doit-elle être obligatoire pour le juge ou abandonnée à son appréciation ?

Le Code pénal de 1810 la rendait obligatoire ; mais la loi de revision du 28 avril 1832, qui a généralisé l'institution des circonstances atténuantes, en a étendu le bénéfice aux récidivistes. Cependant, si l'on considère les excès d'indulgence que manifestent les statistiques, on reste convaincu de la nécessité de rendre l'aggravation obligatoire (3). Le projet de M. Bérenger consacrait cette réforme, et le Sénat avait même fini par l'accepter. Mais la Chambre des députés refusa catégoriquement de restreindre les effets des circonstances atténuantes, sous le prétexte peu justifié qu'il serait contradictoire de diminuer le pouvoir du juge au moment où on lui permet de suspendre l'exécution des condamnations qu'il prononce. La commission du Sénat désirant arriver à une entente céda. A l'étranger, par suite de l'organisation différente ou de l'étendue moins grande

(1) A signaler quelques exceptions : Code pénal, art. 199 et 200 ; loi 23 janvier 1873 tendant à réprimer l'ivresse publique, art. 1, 2 et 3 ; loi 15 novembre 1887 sur la liberté des funérailles, art. 3.

(2) En dehors du droit anglais, voy. Code pénal de Fribourg, art. 76-77 ; du Valais, art. 81 ; de Vaud, art. 69.— Le Code pénal italien, art. 81, admet ce système pour les peines privatives de liberté.

(3) Conf. Congrès pénitentiaire international de Paris, 1895, sect. 1, I.

donnée à l'institution des circonlances atténuantes, les juges ne peuvent modifier la peine établie par la loi contre la récidive. Le projet rend, avec raison, l'aggravation obligatoire.

CHAPITRE VI. — Du pardon, du sursis a l'exécution et de la libération conditionnelle.

Sous cette rubrique, le projet s'occupe des institutions destinées à combattre l'accroissement de la criminalité, en tendant à la réforme morale des délinquants. Les deux premières entravent la condamnation ou les effets de la condamnation : la troisième abrège la durée de la peine. Elles se sont introduites dans notre droit en sens inverse du rang que leur assigne le chapitre VI. La libération conditionnelle a été établie par la loi du 14 août 1885 ; le sursis par la loi du 26 mars 1891 ; le pardon est l'œuvre de la commission de revision.

Soustraire au châtiment les délinquants, dont les antécédents sont sans reproche, en leur donnant une leçon salutaire, tel est le but que poursuivent tous les législateurs. Les systèmes employés peuvent se ramener à trois : — 1° *Mise en surveillance.* Le juge ne prononce aucune condamnation contre le prévenu ; il se borne à fixer le temps d'épreuve pendant lequel il sera soumis à la surveillance d'un magistrat spécial : si sa conduite est bonne, il ne passe pas en jugement ; si elle est mauvaise, il se voit de nouveau traduit en justice et condamné. Ce système, pratiqué d'abord aux États-Unis (1), puis dans quelques États australiens (2), a été introduit en Angleterre où il s'applique à tous les délinquants primaires passibles au maximum d'un emprisonnement de deux ans (3).— 2° *Réprimande judiciaire.* Le juge, après avoir constaté la culpabilité du pré-

(1) Dès 1870, à Boston, pour les mineurs ; dès 1880, dans l'Etat de Massachussets, pour les délinquants de tout âge.

(2) Victoria, Nouvelle-Zélande, Queensland, à partir de 1886.

(3) Loi du 8 août 1887 due à l'initiative de M. Vincent Howard et publiée sous ce titre : *An act to permit the conditional release of first offenders in certain cases*, 50 et 51 Vict. D'après l'article 1er, le tribunal fixe le délai de l'épreuve ; le prévenu doit s'engager à comparaître à première réquisition.

venu, lui adresse une réprimande qui est mentionnée sur le jugement, et qui produit certains effets juridiques. C'est l'admonition dont l'ancien droit faisait si grand usage. Elle se trouve encore pratiquée dans les pays les plus divers (1) : le Code pénal italien la trouvant en vigueur dans le royaume (2), l'a maintenue en l'entourant des garanties nécessaires (3). — 3° *Condamnation avec sursis.* C'est le système qui semble définitivement prévaloir (4). Appliqué d'abord en Belgique (Loi 31 mai 1888), il a gagné successivement la France (Loi 26 mars 1891), le Grand-Duché de Luxembourg (Loi 10 mai 1892), le canton de Genève (Loi 29 octobre 1892), et le Portugal (Loi 6 juillet 1893). Il est question de l'adopter en Allemagne (5), en Autriche (6), en Hongrie (7) et en Italie (8) ; le projet de Code pénal suisse en étend le bénéfice à la Confédération entière. L'honneur de son invention revient à M. Bérenger, qui, dès le 26 mai 1884, avait saisi le Sénat d'une proposition de

(1) En Allemagne, Code pénal, art. 57, n° 4, pour les mineurs de 18 ans ; en Espagne, Code pénal, art. 26 et 117 où elle est publique ou privée suivant la gravité de la peine qu'elle remplace ; à Malte, Code pénal, art. 7 et 16 ; au Portugal, Code pénal, art. 30, n° 5 et 42 ; en Russie, art. 30, 40, 65 ; dans divers Codes suisses. Le projet russe, art. 38, la trouvant peu répressive, ne la maintient que pour les mineurs.

(2) Code pénal toscan, art. 13 et 23 ; Code pénal de 1859, art. 38.

(3) Art. 26-27. Elle n'est substituée à la peine encourue qu'autant que : 1° cette peine est inférieure à 1 mois de détention ou d'arrêt, à 3 mois de confinement, à 300 livres d'amende ; 2° qu'il existe des circonstances atténuantes ; 3° que le délinquant n'a pas encouru de condamnation, à la suite de délit ou contravention, à plus d'un mois d'arrêt ; 4° qu'il présente des fidéjusseurs solvables s'engageant à payer une somme indéterminée au cas où dans le délai que fixe la sentence il commettrait un nouveau délit. Il ne faut pas confondre la réprimande judiciaire proprement dite : *reprensione giudiciale* avec cette espèce de réprimande appelée *Ammonizione* que règle la loi du 30 juin 1889, art. 94-117, sur la sûreté publique, et qui s'applique aux vagabonds et gens sans aveu. L'une est une institution pénale ; l'autre est du ressort de la police.

(4) Les critiques qui s'étaient manifestées au Congrès de Saint-Pétersbourg ont disparu devant les résultats de l'expérience, et le Congrès pénitentiaire international de Paris, 1895, l'a pleinement approuvé, sect. 1, VII.

(5) *Rev. pénit.*, 1895, p. 560.

(6) Autriche, projet de Code pénal, art. 25.

(7) *Rev. pénit.*, 1895, p. 563.

(8) *Monitore dei tribunali*, 1er avril 1893.

loi ; les lenteurs parlementaires sont seules causes que notre pays n'en ait pas été doté le premier.

La libération conditionnelle reste la récompense suprême des condamnés qui n'ont pu bénéficier des mesures précédentes. Dans la pratique, elle permet de réaliser cette conception chère à tous les criminalistes : l'individualisation de la peine suivant l'amendement du détenu. Partout où elle a été appliquée, elle a produit les plus heureux résultats ; aussi tend-elle à devenir une constitution commune à tous les pays civilisés (1).

Après cette exposition générale, nous abordons l'étude des textes mêmes du projet.

§ 1. — Du pardon.

Le pardon n'est pas autre chose que la réprimande judiciaire. Pour les peines pécuniaires mais pour ces peines seules, il remplace le sursis ; pour l'obtenir, le prévenu doit remplir les mêmes conditions : « Dans tous les cas où, soit en vertu des dispositions de la loi pénale, soit par suite de la déclaration de circonstances atténuantes, le juge serait autorisé à n'appliquer qu'une amende, il pourra, si le prévenu n'a pas encore été condamné pour crime ou délit, ne pas prononcer de condamnation. Il avertira le prévenu qu'en cas de nouvelle infraction, il ne devra plus compter sur l'immunité pénale. Le prévenu absent sera condamné aux dépens et, s'il y a lieu, à tous dommages-intérêts, au profit de la partie civile » (art. 66).

(1) Elle existe : en Allemagne, Code pénal de 1870, art.23 et s.; en Autriche, à titre d'essai depuis la circulaire du 3 juin 1886 ; en Angleterre, Acts. 20 août 1853, 25 juillet 1864, 21 août 1871, 12 juillet 1877, etc. ; en Belgique, L. 31 mai 1888 ; en Croatie, L. 22 avril 1875 ; en Danemark, Règlement du 13 février 1873 ; en Hollande, Code pénal 1881, art. 15 ; en Hongrie, Code pénal, art. 48-49 ; en Italie, Code pénal, 1889, art. 16-17; dans le Grand-Duché de Luxembourg, Code pénal, art. 100 ; en Portugal, L. 6 juillet 1893 ; en Serbie, L. 22 mai 1869 ; en Suisse, dans divers cantons : Zurich, L. 24 octobre 1870 et Code pénal, 1871 ; Tessin, Code pénal 1873 ; Vaud, L. 17 mai 1875 ; Fribourg, 20 novembre 1877 ; Saint-Gall, L. 23 janvier 1883 ; Neuchâtel, Code pénal, 1891, art. 43; etc. — *Adde* : avant-projet de Code pénal fédéral suisse, art. 21 ; projet de Code pénal autrichien, art. 20 ; projet de Code pénal russe, art. 21-22.

§ 2. — Du sursis à l'exécution.

Les dispositions nouvelles modifient dans une large mesure les règles actuelles. Pour se rendre compte des changements proposés, il faut examiner successivement : les conditions nécessaires à l'obtention du sursis, la durée de l'épreuve et les causes de révocation, la situation du condamné à l'expiration du sursis.

A.— L'article 67 détermine les conditions nécessaires pour obtenir le sursis : « Le tribunal peut, lorsqu'il prononce une peine inférieure ou égale à trois mois d'emprisonnement ou de détention contre un inculpé n'ayant pas encore été condamné pour un crime ou délit, ordonner qu'il sera sursis à l'exécution de cette peine ».

A trois points de vue, le projet se montre plus sévère que la loi de 1891. 1° La loi de 1891 autorise le sursis pour toute condamnation à l'emprisonnement (1), dont le maximum peut atteindre cinq ans. Le projet le restreint à la condamnation qui ne dépasse pas trois mois d'emprisonnement ou de détention (2). 2° Sous l'empire de la loi de 1891, il est permis de soutenir que le droit au sursis s'étend à l'emprisonnement de simple police, l'expression générale de la loi le comprenant aussi bien que l'emprisonnement correctionnel (3). Sous l'empire du projet, il serait impossible d'admettre la même solution, puisque la peine de simple police comporte une qualification (arrêts de police) qui ne rentre pas dans le terme employé. 3° La loi

(1) *Sic*, loi luxembourgeoise, art. 1er ; loi génevoise, art. 1er ; loi portugaise, art. 8.

(2) La loi belge, à la condamnation qui ne dépasse pas six mois. Même règle : avant-projet du Code pénal fédéral suisse, art. 47 et projet de loi italien, art. 1er, qui toutefois élève la limite à un an lorsque la peine a été encourue par une femme. — Le projet de Code pénal autrichien, art. 25, n'admet le sursis que pour les condamnations inférieures à un mois d'emprisonnement ; la commission du Reichsrath a proposé d'en faire bénéficier les condamnations qui ne dépassent pas trois mois.

(3) La jurisprudence s'est prononcée bien à tort selon nous en sens contraire : Cass., 5 mars 1892 (D. 1892, 1, 38) ; 29 juillet 1892 (D. 1892, 5, 472). — La Cour de cassation belge a donné une interprétation plus large à la loi de 1888 qui n'est pas plus explicite que la nôtre : Cass., 1er avril 1889 (*Pasicrisie*, 1889, 1, 68).

de 1891 se contente que l'incu'pé n'ait pas subi de condamnation à l'emprisonnement pour crime ou délit de droit commun (1). Le projet exige que l'inculpé n'ait pas été condamné pour crime ou délit (2). De cette différence de rédaction, il résulte : 1° qu'une simple condamnation à l'amende insuffisante actuellement enlèverait le bénéfice du sursis ; 2° qu'une condamnation pour crime ou délit politique insuffisante aussi actuellement produirait le même effet.

Cette tendance à la sévérité, qui se manifeste dans d'autres pays, n'est ni justifiée par les résultats de la pratique, ni conforme à l'opinion publique qui demande au contraire une large application du sursis. Il n'y aurait donc aucun inconvénient à en laisser le bénéfice aux condamnations dont le maximum ne dépasse pas cinq ans. Quant aux arrêts de police, la question ne peut faire aucun doute : n'est-il pas étrange qu'un fait plus grave ne jouisse pas de la faveur refusée au fait moins grave ? Enfin, la nature de l'institution indique que toute condamnation antérieure à l'amende et même à une peine privative de liberté ne doit pas forcément entraîner la déchéance. Les infractions politiques, les infractions non intentionnelles et certaines infractions spéciales ne dénotent pas chez l'agent ce degré de perversité qui le rend indigne de tout ménagement.

B. — Si le projet réglemente avec plus de rigueur les conditions du sursis, il diminue par contre le temps d'épreuve (3). « Le sursis est révoqué de plein droit si, dans le délai de trois années, le condamné commet un nouveau crime ou un nouveau délit passible de l'emprisonnement ou de la détention » (art. 68,

(1) La loi génevoise, art. 1er, dont la rédaction mérite d'être remarquée, parle de la *condamnation antérieure à la prison pour infraction volontaire de droit commun.* — Le projet italien, art. 3, exclut simplement *les récidivistes.*

(2) *Sic* : loi belge, art. 9 ; loi portugaise, art. 8 ; projet de Code pénal autrichien, art. 25 ; avant-projet de Code pénal suisse, art. 47. La loi luxembourgeoise, art. 2, exige que l'agent n'ait encouru aucune *condamnation à l'emprisonnement correctionnel et à l'emprisonnement de simple police dont le total dépasse le maximum normal de cet emprisonnement.*

(3) La loi luxembourgeoise, art. 3, admet le délai de cinq ans de la loi française; elle le réduit toutefois à trois ans quand il s'agit d'une peine de police. — L'avant-projet du Code pénal suisse, art. 47, propose le délai de cinq ans.

§ 1). Cette réduction rétablit la symétrie avec les trois ans que le condamné à une peine correctionnelle doit attendre pour demander la réhabilitation (1).

Les causes qui empêchent l'obtention du sursis en entraînent aussi la révocation. Cette concordance (2) ne se trouve pas à l'abri de toute critique. Il serait logique de prononcer la déchéance du condamné, qui dans le délai déterminé n'aurait pas désintéressé la partie civile ou n'aurait pas fait constater son insolvabilité (3).

Est-ce la poursuite, la condamnation ou l'accomplissement même de l'infraction qui entraîne la perte du sursis? Le projet n'est pas plus explicite sur ce point que la loi de 1891, et devra nécessairement subir une correction. Au lieu de s'attacher au critérium purement formaliste de la poursuite ou de la condamnation que des circonstances accidentelles peuvent modifier, il faut, conformément à la nature même des choses, prendre en considération le moment où l'acte illicite a été commis (4).

C. — A l'expiration du délai d'épreuve, la situation du condamné varie suivant sa conduite.

La mauvaise conduite entraîne la déchéance du sursis par suite de l'accomplissement de la condition suspensive mise à l'exécution de la peine. « Dans ce cas, la première condamnation sera subie sans confusion avec la seconde » (art. 68, § 2). Comme les causes qui entraînent la révocation du sursis correspondent aux causes qui en empêchent la concession, la

(1) La plupart des lois ou projets adoptent un délai mobile qui permet au juge de graduer l'épreuve : loi belge, art. 9, pas de minimum, maximum de cinq ans; loi génevoise, art. 3, et loi portugaise, art. 8, § 2, délai de deux ans à cinq ans ; projet italien, art. 2, délai de six mois à cinq ans ; projet de Code pénal autrichien, art. 25, délai de un an à trois ans.

(2) Elle n'existe pas dans toutes les législations. Ainsi, la loi génevoise, art. 7, se contente pour l'obtention du sursis qu'il n'y ait pas de condamnation à l'emprisonnement ; elle en prononce la révocation à raison de toute condamnation, même à l'amende. L'avant-projet du Code pénal suisse, art. 47, procède de même.

(3) *Sic* : projet italien, art. 5 et 6. — Cette condition est nécessaire pour obtenir la réhabilitation : Code d'instruction criminelle, art. 620, et projet de Code pénal, art. 101.

(4) En ce sens, voy. l'avant-projet de Code pénal suisse, art. 47.

situation du condamné se trouve aggravée dans une sensible mesure.

La bonne conduite a pour résultat, d'après la loi de 1891, de faire considérer la condamnation comme non avenue et d'entraîner la réhabilitation de plein droit (1). Le projet dispense seulement le condamné de subir la peine,et le laisse frappé des incapacités qui lui survivent (2). « La condamnation sera considérée comme exécutée s'il n'est pas prononcé de nouvelle condamnation dans les termes du précédent article », article 69. Chose étonnante ! Le rapport est en contradiction avec le texte : « Si le bénéficiaire du sursis, y est-il dit, ne commet aucune infraction dans les délais précités, il est à considérer dans la suite non plus comme un libéré par l'exécution de la peine mais comme n'ayant jamais encouru de condammation. » Ce passage tendrait à prouver qu'il y a eu un malentendu. S'il en est ainsi, que la commission ait soin de le faire disparaître ; car autrement les juges ne pourraient se conformer à ses intentions, ce qui serait regrettable à tous égards.

§ 3. — De la libération conditionnelle.

La loi du 14 août 1885, qui a introduit la libération conditionnelle dans notre législation, ne s'applique ni aux peines perpétuelles ni aux peines inférieures à trois mois d'emprisonnement. Le projet fait disparaître ces restrictions ; mais, par contre, il se montre plus sévère en élevant la durée de la peine à subir avant la recevabilité de la demande, et cette sévérité, bien que conforme au droit de divers pays (3), prête à la criti-

(1) Les lois génevoise, art. 4; luxembourgeoise, art. 3 ; portugaise, art. 9, disent que *la condamnation sera considérée comme non avenue*. La loi belge, art. 9, emploie la même rédaction et cependant la jurisprudence s'appuyant sur les travaux préparatoires décide que le sursis laisse subsister les effets de la peine ; le condamné qui obtient le sursis, et qui, après son expiration, commet une nouvelle infraction ne peut obtenir de nouveau la suspension de la peine. Bruxelles, 22 novembre 1893 (*Pasicrisie*, 1894, 2, 59). Liège, 22 novembre 1893 (*Pasicrisie*, 1894, 2, 60) ; Cass., 10 janvier 1894 (*Pasicrisie*, 1894, 1, 80). *Contrà* : Trib. Bruxelles, 18 octobre 1893 et 3 novembre 1893 (*Pasicrisie*, 1894, 3, 55).

(2) Projet italien, art. 8 ; Projet de Code pénal autrichien, art.25 ; Avant-projet de Code pénal fédéral suisse, art. 47.

(3) Code pénal allemand, art 23 ; Code pénal hongrois, art. 48-49 ; Code

que, car aucun abus ne la justifie (1). « Tout condamné à l'emprisonnement ou à la détention peut être mis conditionnellement en liberté après avoir subi les trois quarts de sa peine, et vingt ans si la peine est perpétuelle » (article 70).

Comme la libération conditionnelle est très difficile à obtenir pour les peines de longue durée (2) le projet en vue de la faciliter permet aux condamnés — personne ne peut le leur imposer — de demander leur transfert aux colonies : « Les condamnés âgés de vingt et un ans à soixante ans qui auront subi le quart de leur peine, si elle dépasse vingt ans, pourront sur leur demande, être transférés dans une colonie ou possession française. Ce transfert ne sera autorisé par le ministre de l'Intérieur que sur l'avis du ministre de la Justice et du ministre des Colonies » (art. 76) — « Après avoir subi dans la colonie le deuxième quart de leur peine et un emprisonnement de cinq ans, si leur peine dépasse vingt ans, les condamnés seront, sauf le cas d'inconduite, admis au bénéfice de la libération conditionnelle » (art. 77, § 1). Cette innovation nous semble très heureuse : s'il est permis d'espérer le reclassement du condamné, c'est bien dans une société en voie de formation qui se montre moins difficile sur les antécédents que sur la bonne volonté (3).

Les relégués, qui obtiennent la libération conditionnelle comme ceux qui se la voient retirer ou refuser, se trouvent astreints à une résidence perpétuelle ou très longue dans la colonie : « Les condamnés à l'emprisonnement perpétuel devront, à titre de libérés conditionnels, résider dans la colonie pendant

pénal hollandais, art. 15 ; Code pénal italien, art. 16-18. — La proportion des deux tiers est adoptée par diverses législations, notamment par la loi portugaise de 1893, art. 1er ; le projet de Code pénal autrichien, art. 20 ; l'avant-projet de Code pénal fédéral suisse, art. 21.

(1) Les étrangers peuvent profiter du bénéfice de la libération conditionnelle. Le Code pénal hongrois, art. 49, nº 2, le leur refuse seul. Telle était en Italie la disposition du projet Zanardelli, qui a été écartée avec juste raison.

(2) Les art. 71 à 76 n'apportent aucune modification au droit actuel en ce qui concerne les formes de la mise en liberté et de la révocation.

(3) En ce qui concerne la transportation volontaire, voy. le remarquable rapport de M. Léveillé pour le Congrès pénitentiaire de Paris, 1895, lu à la Société générale des prisons, séance du 19 juin 1895. *Revue pénitentiaire*, 1895, p. 750.

toute leur vie ; les condamnés à temps seront, au même titre, astreints à la même résidence pendant un temps égal à la durée de la peine prononcée, sans que ce temps puisse être inférieur à dix ans » (art. 77, § 2). — « Si pendant la période de résidence obligatoire, la révocation de la liberté conditionnelle est prononcée, les condamnés subiront dans la colonie la partie de leur peine qui restait à courir lors de leur mise en liberté. Les condamnés qui, pour cause d'inconduite, n'auront pas été admis à jouir de la libération conditionnelle ou ceux à qui ce bénéfice aura été retiré devront, à l'expiration de leur peine, résider dans la colonie pendant une période égale à celle fixée par le paragraphe 2 de l'article précédent » (art. 78).

Les relégués volontaires sont soumis comme les autres relégués au régime et au tribunal d'exception. « Pendant leur séjour dans la colonie, les condamnés seront soumis aux mesures de police et à la juridiction spéciale prévue par l'article 27 » (art. 79). Avec une semblable précaution, on est sûr que les détenus ne solliciteront pas l'éloignement colonial pour échapper à la rigueur de la surveillance.

CHAPITRE VII. — De la participation aux crimes et aux délits.

Une même infraction peut être commise par plusieurs personnes; il y a alors unité de délit et pluralité d'agents. Cette situation soulève trois problèmes que toute législation doit résoudre : 1° Quels sont les faits constitutifs de la complicité ? 2° Dans quels cas la complicité est-elle punissable ? 3° Quelle peine la complicité comporte-t-elle ?

1° Chaque infraction a deux éléments essentiels, l'un matériel, l'autre moral : la résolution d'enfreindre la loi, le fait qui la réalise. Quiconque donne naissance soit à ces deux éléments à la fois soit à l'un ou à l'autre est la cause et par conséquent l'auteur de l'infraction. Lorsque celui qui complote un méfait le fait exécuter par un autre, il existe concurremment un auteur physique ou matériel, un auteur moral ou intellectuel que l'on désigne parfois souvent sous le nom d'instigateur ou de provocateur. D'autres personnes peuvent encore prêter leur concours moral ou physique mais elles ne jouent qu'un rôle accessoire : ce sont des complices.

Ces règles aussi simples que rationnelles triomphent dans la plupart des législations (1) ; le projet se conformant au Code pénal actuel les repousse. L'article 80, en effet, ne comprend pas les auteurs intellectuels dans la liste qu'il en donne : « Seront punis comme auteurs d'un crime ou d'un délit ceux qui auront commis l'action ou auront avec connaissance aidé ou assisté l'auteur ou les auteurs de l'action dans les faits qui l'auront consommée ». Ce texte fera certainement l'objet de vives discussions lorsque le Parlement l'examinera ; peut-être sera-t-il modifié, car la tendance actuelle est de considérer les instigateurs comme de véritables auteurs et les événements donnent raison à cette manière de voir.

L'article 81 énumère les cas de complicité qui peuvent se diviser en cas de complicité intellectuelle et en cas de complicité matérielle. « Seront punis comme complices » :

Complicité intellectuelle. — « 1° Ceux qui par dons, promesses, menaces, abus d'autorité ou de pouvoir, machination ou artifices coupables, auront provoqué directement à cette action ou donné des instructions pour la commettre » ;

« 4° Ceux qui, soit par des discours, cris ou menaces proférés dans des lieux ou réunions publics, soit par des écrits, des imprimés vendus ou distribués, mis en vente ou exposés dans des lieux ou réunions publics, soit par des placards ou affiches, exposés au regard du public, auront directement provoqué l'auteur ou les auteurs à commettre ladite action » ;

Le n° 1 est la reproduction textuelle du premier cas de complicité que prévoit l'article 60 du Code pénal ; le n° 4 consacre des dispositions analogues à celles des articles 23 et 24 de la loi du 20 juillet 1881 modifiée par la loi du 12 décembre 1893.

(1) Code pénal allemand, art. 48 ; Code pénal belge, art. 66 ; Code pénal danois, art. 52 ; Code pénal espagnol, art. 13 et projet, art. 26 ; Code pénal finlandais, ch. V, § 2 ; Code pénal hollandais, art. 47 ; Code pénal hongrois, art. 71 ; Code pénal italien, art. 63 ; Code pénal luxembourgeois, art. 66 ; Code pénal portugais, art. 20 ; Code pénal suédois, ch. III, § 1 ; la plupart des Codes suisses et l'avant-projet du Code pénal fédéral, art. 13.

En réalité, ils énumèrent les faits constitutifs de l'instigation, et, ainsi que nous l'avons déjà dit, l'instigateur devrait figurer au nombre des auteurs. Quant à la complicité intellectuelle, elle résulte, comme le reconnaît le droit de plusieurs Etats (1), des conseils, des exhortations, des instructions qui, sans déterminer la volonté de l'agent, lui facilitent l'accomplissement du méfait qu'il a déjà comploté.

Complicité matérielle.— 2° « Ceux qui auront, sachant qu'ils devaient y servir, avec connaissance aidé ou procuré des armes, des instruments ou tous autres moyens qui auront servi à l'action » ;

« 3° Ceux qui auront avec connaissance aidé ou assisté l'auteur ou les auteurs de l'action dans les faits qui l'auront préparée ou facilitée ».

Ces deux cas de complicité matérielle sont admis dans les mêmes termes par le Code pénal français et dans des termes analogues par le droit des autres nations.

De l'énumération de l'article 81, il résulte que le recel des personnes et le recel des choses ne sont plus incriminés comme faits de complicité mais à titre de délits spéciaux. Ce sont là des innovations absolument rationnelles, qui auront pour résultat de mettre le droit français au niveau du droit étranger. Peut-être, cependant, le projet aurait-il bien fait, à l'exemple de diverses législations, de réserver le cas où il y a eu entente préalable. Ce concours de volonté antérieur à la perpétration de l'infraction semble bien établir la complicité (2).

(1) Code pénal belge, art. 67 ; Code pénal danois, art. 48 et 51 : Code pénal hongrois, art. 69, n° 2 ; Code pénal hollandais, art. 48, n° 2 ; Code pénal portugais, art. 22, n° 1 ; Code pénal italien, art. 64, n° 2; Code pénal suédois, ch. 3, § 3.

(2) En ce qui concerne le recel des personnes le Code pénal belge, art. 68 ; le Code pénal espagnol, art. 16 ; le Code pénal portugais, art. 23 et art. 197, 198 en font seuls dans tous les cas un acte de complicité. Les autres Codes, à moins qu'il n'y ait eu entente préalable, en font un délit spécial, *favoreggiamento* (en italien) ; *Begünstigung* (en allemand). Voy. Code pénal allemand, art. 257, 258 ; Code pénal hollandais, art. 189 ; Code pénal hongrois, art. 69, n° 2 et 374 à 378 ; Code pénal italien, art. 64, n° 1, 225, 249. — En ce qui concerne le recel des choses, tous les Codes en font un délit spécial, lorsqu'il n'y a pas eu entente préalable : Code pénal allemand, art. 259,

2° Selon le système le plus répandu que suivent le Code pénal français et le projet, il ne suffit pas d'avoir participé à une infraction quelconque pour être puni comme complice, il faut avoir participé à une infraction qualifiée crime ou délit. En matière de contraventions, la complicité n'est incriminée que dans des cas exceptionnels (1). Le principal motif de cette distinction provient du peu de gravité de ces dernières infractions. D'ailleurs, la complicité suppose une entente entre plusieurs individus, et les contraventions sont punies sans égard à l'intention, sur la simple constatation du fait illicite.

3° Le Code pénal français, dans des termes qui prêtent à l'équivoque, punit au même titre les complices et les auteurs. La plupart des Codes étrangers admettent, au contraire, un abaissement de pénalité en faveur des complices (2). De ces deux systèmes, quel est le meilleur ?

Frapper du même châtiment tous ceux qui ont coopéré à l'infraction, c'est méconnaître et les principes de la justice et les règles de la prudence. Ces considérations si puissantes qu'elles paraissent n'ont cependant pas convaincu la commission, et le projet, dans l'article 82, reproduit la règle actuelle. « Les complices d'un crime ou délit seront punis des mêmes peines que les auteurs de ce crime ou de ce délit sauf dans les cas où la loi en aura disposé autrement ». Le législateur de 1832 s'était montré partisan d'une mitigation en faveur des complices; s'il ne réalisa aucune réforme, c'est que l'institution des circonstances at-

262 ; Code pénal autrichien, art. 185, 186 ; Code pénal belge, art. 505, 506 ; Code pénal danois, art. 238 ; Code pénal finlandais, ch. XXXII ; Code pénal espagnol, art. 16 et 69 ; Code pénal hollandais, art. 416, 417 ; Code pénal hongrois, art. 370-378 ; Code pénal italien, art. 225 et 421 ; Code pénal portugais, art. 23, 24 et 106 ; Code pénal suédois, XX, § 16 ; Code pénal russe, art. 257, 258 ; la plupart des Codes suisses.

(1) Le Code pénal espagnol, art. 11 et 621, et le Code pénal hongrois des contraventions, art. 26, punissent la complicité même pour les simples contraventions.

(2) Code pénal allemand, art. 49 ; Code pénal belge, art. 69 ; Code pénal danois, art. 47, 48 ; Code pénal espagnol, art. 68-77 ; Code pénal hongrois, art. 72 ; Code pénal hollandais, art. 49 ; Code pénal italien, art. 64 ; Code pénal luxembourgeois, art. 69 ; Code pénal portugais, art. 103 ; Code pénal roumain, art. 51 ; Code pénal suédois, ch. 3, § 4, la plupart des Codes suisses et l'avant-projet du Code pénal fédéral, art. 13.

ténuantes qu'il consacrait dans la plus large mesure lui sembla rendre tout changement inutile. Aujourd'hui où on se fait une autre idée de leur rôle, il faut forcément prendre parti dans un sens ou dans l'autre.

Contrairement au droit de quelques pays (1), le projet admet que la qualification et la gravité de la peine doivent être puisées dans la personne seule de l'auteur ; les causes légales qui modifient la culpabilité du complice restent donc bien sans influence sur sa propre culpabilité, mais la situation inverse soulève de graves difficultés qui n'ont pas été résolues. En principe, la culpabilité est individuelle. Par conséquent, les circonstances aggravantes et les excuses légales purement subjectives qui ne concernent qu'un des coupables lui restent propres et n'aggravent ou n'atténuent la peine qu'à son égard ; au contraire, les circonstances aggravantes et les excuses légales purement objectives qui se rattachent aux éléments de l'infraction opèrent par rapport à tous. Le plus souvent la distinction n'est pas aussi tranchée au moins en ce qui concerne les circonstances aggravantes. La qualité qui appartient à l'auteur, bien que lui étant particulière, déverse sur le fait une criminalité plus grande. En l'absence de toute disposition, les auteurs soutiennent les uns que cette qualité reste personnelle à son auteur, les autres qu'elle se communique à tous les participants ; c'est en ce dernier sens que se prononce la Cour de cassation (2). Malgré l'autorité de la juridiction suprême, la solution contraire nous semble plus rationnelle. Si la qualité détermine l'aggravation de la pénalité ordinaire, c'est qu'elle implique chez le délinquant qui en est investi, outre la culpabilité normale, une culpabilité spéciale résultant de cette qualité, et ce manquement ne peut être reproché au codélinquant ou com-

(1) C'est ainsi qu'en Belgique, le Code pénal, art. 69, punit les complices de la peine immédiatement inférieure à celles qu'ils encourraient *s'ils étaient auteurs*. Dès lors, les circonstances personnelles aux auteurs ne peuvent exercer aucune influence sur la peine des co-auteurs ou complices et vice versa. Conf. Nypels, *Lég. crim. de la Belgique, Comment.*, II, n° 366.

(2) 23 mars 1843 (S. 1843, 1, 544) ; 22 janvier 1852 ; 30 septembre 1853 ; 15 juin 1860 (S. 1861, 1, 398) ; 11 mai 1866 (*Pal.*, 1867, 319). ; 23 novembre 1872 (*Pal.*, 1873, 297) ; 30 mai 1879 (*Pal.*, 1880, 1187).

plice qui n'ayant pas cette qualité ne se trouve pas astreint à un semblable devoir. Dans tous les cas, il est regrettable que le projet, à l'exemple de nombreux Codes étrangers (1), n'ait pas mis fin par une disposition précise à une controverse aussi importante.

CHAPITRE VIII. — De la tentative (2).

C'est un principe du droit moderne qu'un fait n'encourt la peine de la tentative que s'il constitue un commencement d'exécution : les déclarations criminelles et les actes de préparation ne sont réprimés qu'à titre de délits spéciaux. Suivant la nature de l'infraction, la tentative peut se présenter sous deux formes différentes. La loi tient-elle compte de la réalisation du but final? La tentative, selon les termes consacrés, est achevée ou inachevée. Elle est inachevée, lorsque l'agent n'a pas mené à leur fin les actes d'exécution. Elle est achevée, lorsque l'exécution étant complète le résultat voulu n'a cependant pas été atteint ; ce dernier cas se désigne plus généralement sous le nom de délit manqué. A quelque moment qu'il intervienne, le désistement volontaire assure l'impunité. Ces divers caractères se trouvent très brièvement exprimés dans la première phrase de l'article 83. « Toute tentative de crime ou de délit qui aura été manifestée par un commencement d'exécution, si elle n'a été suspendue ou si elle n'a manqué son effet que par des cir-

(1) Ils admettent en général : 1° que l'aggravation résultant de circonstances matérielles n'est opposable aux complices que s'ils les ont connues ; 2° que les causes d'atténuation ou d'aggravation personnelles à l'un des agents lui restent personnelles : Code pénal allemand, art. 50 ; Code pénal espagnol, art. 80 ; Code pénal finlandais, ch. V, § 4 ; Code pénal hongrois, art. 74 ; Code pénal hollandais, art. 50 ; Code pénal roumain, art. 48 ; Codes suisses de : Fribourg, art. 49-50 ; Genève, art. 47 ; Neuchâtel, art. 67 ; Tessin, art. 61-62 ; Vaud, art. 45-46 ; projet de Code pénal russe, art. 48.— Le Code pénal italien, art. 65-66, admet le même principe pour les circonstances matérielles, mais il admet (sauf la réduction de peine) la communicabilité des circonstances personnelles lorsqu'elles auront permis ou facilité l'exécution du délit, et lorsque ceux qui y sont étrangers en ont eu connaissance.

(2) En ce qui concerne les détails de cette très importante matière, voy. notre *Étude critique de législation comparée sur la tentative*, *Revue critique* de 1895 et tirage à part.

constances indépendantes de la volonté de son auteur, sera punie conformément aux dispositions suivantes :... »

Le projet passe sous silence le grave problème du délit impossible. Le cadre de ce travail ne nous permet pas d'entrer dans les détails qu'il comporte ; bornons-nous à dire que l'absence de toute disposition crée une des plus vives controverses du droit criminel. Suivant une opinion qui a pour elle l'autorité de la Cour de cassation, il faudrait distinguer l'impossibilité absolue ou perpétuelle de l'impossibilité relative ou accidentelle : l'assassin qui tire un coup de feu dans la chambre où se tient habituellement sa victime (1), le voleur qui force le tronc vide d'une église (2), le pick-pocket qui fouille la poche d'un passant qui ne contient aucun objet (3) commettent des actes tombant sous le coup de la répression. Suivant une autre opinion qu'ont consacrée plusieurs arrêts de Cours d'appel (4), l'impossibilité quelle que soit sa nature met toujours obstacle à la condamnation. La jurisprudence allemande (5) et la jurisprudence anglaise (6), dans des espèces analogues, se sont prononcées en faveur de la première opinion. Quant au droit comparé, il présente les plus sérieuses divergences. Le Code pénal italien (art. 61), qu'imite le projet de Code pénal autrichien, exclut l'impossibilité ; le Code pénal russe (art. 115) et le projet de réforme de ce Code (art. 45) de même que le projet de codification du droit anglais de 1879 (sect. 74, al. 2) incriminent, au moyen d'une disposition spéciale, les cas où la nécessité sociale impose un châtiment. Telle est également le caractère de la nouvelle règle (art. 14) introduite dans l'avant-projet du

(1) Cass., 12 avril 1877 cassant Chambéry, 20 janvier 1877 (D. 1878, 1, 33). — Dans le sens de Chambéry, voy. Montpellier, 26 février 1852 (S. 1862, 2, 464).

(2) Cass., 4 novembre 1876 (D. 1878, 1, 33).

(3) Cass., 4 janvier 1895 cassant Paris, 19 octobre 1894, et sur renvoi Orléans, 19 février 1895.

(4) Voy. les notes précédentes.

(5) Trib. Empire, 24 mai 1880 (*Rivista penale*, vol. XIV, p. 202) ; 10 juin 1880 (*eod. loc.*, vol. XV, p. 243).

(6) Collin's case (L. and C., 471). — Conf. Stephen, *A digest of the criminal law*, *art.* 49, § 3, p. 29.

Code pénal fédéral suisse sur la demande de la commission; la rédaction de M. Stoos ne s'expliquait par sur ce point.

Les tentatives des crimes sont réprimées en règle générale ; au contraire « les tentatives des délits ne sont punissables que dans les cas déterminés par une disposition spéciale de la loi » (art. 84). Quant aux contraventions, elles échappent à toute peine à raison même de leur caractère.

Notre Code pénal punit la tentative de la peine de l'infraction consommée. Cette règle, que condamne la science juridique,a disparu de tous les autres Codes; quelques-uns même distinguent les deux degrés de la tentative. L'article 83 du projet ne reproduit pas cette distinction ; il se borne à régler l'atténuation : « Si la peine prononcée par la loi est la mort, le coupable sera puni de l'emprisonnement perpétuel ; si la peine prononcée par la loi est l'emprisonnement perpétuel, le coupable sera puni de l'emprisonnement de dix à vingt ans ; si la peine prononcée par la loi est l'emprisonnement temporaire ou la détention, le maximum de la peine sera abaissé d'un tiers ».

CHAPITRE IX. — Du concours de faits punissables.

Il y a concours ou cumul de faits punissables lorsque l'agent se rend coupable de plusieurs infractions avant d'avoir été condamné pour aucune d'elles. Il peut se présenter sous deux formes ; l'accomplissement d'un acte unique constituant à la fois diverses violations de la loi pénale, l'accomplissement d'actes successifs tombant chacun sous le coup de la répression. Dans le premier cas, le concours est qualifié de moral ou d'intellectuel, dans le second de réel ou de matériel.

Les règles, qu'édicte le droit français, se trouvent placées dans le Code d'instruction criminelle. Telle n'est point la place que leur assigne la logique. Il s'agit d'une théorie juridique qui doit figurer avec toutes les autres dans le Code pénal. C'est ainsi que procèdent les législations les plus récentes auxquelles le projet se rallie.

L'influence du concours moral sur la répression est facile à déterminer ; la peine la plus forte doit être prononcée. L'article 91 consacre cette règle qui est universellement admise : « Lorsque le même fait constitue plusieurs infractions, la peine la plus forte sera seule prononcée ».

L'influence du concours matériel sur la répression présente de plus sérieuses difficultés. *A priori*, on conçoit deux systèmes radicaux : cumul de toutes les peines encourues, absorption des peines les moins graves par la peine la plus grave. Mais, un examen un peu approfondi ne tarde guère à montrer que, si l'un va à l'excès et devient inapplicable dans nombre de cas, l'autre est manifestement insuffisant. Un système mixte, qui corrige les vices de ces systèmes opposés en leur enlevant leur caractère absolu, est donc le seul qui concilie les exigences de la justice et de l'utilité sociale (1). Aussi, tous les Codes récents le consacrent-ils sous des formes différentes, et le projet en propose-t-il l'adoption.

Concours de contraventions. « En cas de concours de plusieurs contraventions, les peines sont cumulées » (art. 85).

Concours de délits et de contraventions : « En cas de concours de plusieurs délits et contraventions, les peines sont cumulées, sans pouvoir excéder le double du maximum de la peine la plus forte » (art. 86).

Concours d'un crime avec des délits ou contraventions : « En cas de concours d'un crime avec un ou plusieurs délits ou contraventions, la peine applicable au crime sera seule prononcée » (art. 87).

Concours de plusieurs crimes : « En cas de concours de plusieurs crimes, la peine la plus forte sera seule prononcée ; elle pourra être élevée de moitié au-dessus du maximum » (art. 88).

L'article 89 détermine ce qu'il faut entendre par peine la plus

(1) Le système du non-cumul se trouve encore consacré par le Code pénal de Genève, art. 39 et avec augmentation facultative par le Code pénal belge, art. 58-59 ; le Code pénal hongrois, art. 96 et s.; le Code pénal du Valais, art. 76 ; de Vaud, art. 64 ; de Zurich, art. 64 ; par le projet de Code pénal russe, art. 55-56. — Le système du cumul se trouve consacré par le Code pénal espagnol, art. 88 ; le Code pénal hollandais, art. 57-58 ; le Code pénal suédois, ch. IV, § 5 et s., mais avec quelques dispositions qui les rapprochent du système indiqué au texte.

forte.« La peine la plus forte est celle dont la durée est la plus longue ; si les peines sont de même durée, l'emprisonnement est considéré comme une peine plus forte que la détention ».

Enfin, l'article 90 ordonne le cumul de toutes les peines de confiscation, quelle que soit l'infraction qu'elles accompagnent. « Les peines de la confiscation spéciale à raison de plusieurs crimes, délits ou contraventions seront toujours cumulées. »

CHAPITRE X. — De l'extinction de l'action publique et de la prescription.

Ce sujet, que réglemente le Code d'instruction criminelle, figure également dans le projet de revision de ce Code. Il faut approuver sans réserve la commission de réforme du Code pénal de ce qu'elle l'a introduit dans l'œuvre qu'elle a élaborée (1) : il ne s'agit pas d'une simple question de forme ; le fond même du droit est directement intéressé.

Le décès de l'agent et la prescription — les seules matières dont s'occupe le chapitre X — constituent aussi bien des causes d'extinction de la peine que des causes d'extinction de l'action publique. La rubrique devrait donc se trouver ainsi modifiée : De l'extinction de l'action publique et des condamnations pénales (2).

§ 1. — *Du décès.*

« L'action publique est éteinte par la mort du prévenu. » Ce principe, que rappelle l'article 92 du projet de Code pénal, ne peut soulever aucune difficulté. Il n'en est pas ainsi en ce qui concerne la mort du condamné. Il existe une très vive difficulté sur le point de savoir si l'exécution des peines pécuniai-

(1) A l'étranger, ce sujet figure généralement dans le Code pénal. — En Belgique, les règles relatives à la prescription publique sont édictées par la loi du 17 avril 1878 contenant le titre préliminaire du Code d'instruction criminelle ; les règles relatives à la prescription de la peine, par le Code pénal. Cette distinction purement arbitraire fait l'objet des plus vives critiques.

(2) C'est ainsi que se trouve formulée la rubrique correspondante du Code pénal italien : titre IX.

res peut être poursuivie contre les héritiers (1). Un texte formel serait indispensable pour y mettre fin.

§ 2. — *De la prescription.*

Tout châtiment trop éloigné de l'infraction ou de la condamnation devient inutile, le souvenir du fait coupable étant effacé et le besoin de l'exemple ayant disparu. C'est donc l'oubli présumé de l'infraction non jugée qui libère l'agent des conséquences de l'infraction ; c'est aussi l'oubli présumé de la condamnation qui le libère des conséquences de la condamnation. La cessation de la raison de punir explique aussi bien qu'elle justifie la prescription de l'action publique et la prescription de la peine (2)

La prescription de l'action publique s'applique à toutes les infractions, car il n'en est pas dont le temps n'efface le souvenir. La prescription de la peine ne s'applique qu'aux peines qui ont besoin d'être exécutées : peines corporelles, privatives de liberté et pécuniaires ; elle ne s'applique pas aux peines qui produisent leurs effets de plein droit en vertu de la condamnation comme les déchéances et les incapacités. La durée de la prescription varie avec la gravité de l'infraction commise ou de

(1) Pour la négative : Code pénal belge, art. 86 ; Code pénal hollandais, art. 75 ; Code pénal italien, art. 85 ; Code pénal luxembourgeois, art. 86 ; Code pénal d'Argovie, art. 51 et de Zug, art. 30. — Pour l'affirmative : Code pénal allemand, art. 30 ; Code pénal autrichien, art. 223 a et 224 en rapport avec le décret du Ministre de la Justice du 3 avril 1859 ; Code pénal hongrois, art. 53 et 118 ; Code pénal suédois, ch. V, § 13 ; Code pénal d'Appenzell, art. 42 ; de Bâle-Ville et Campagne, art. 41 ; de Genève, art. 62 ; de Glaris, art. 32 ; de Fribourg, art. 79-82 ; de Lucerne, art. 63 ; de Soleure, art. 43 ; du Tessin, art. 73, 79, 80 ; de Thurgovie, art. 52 ; de Vaud, art. 71 et 74 et de Zurich, art. 51. La plupart de ces Codes n'autorisent la poursuite qu'*intra vires successionis*.

(2) Il existe encore des législations qui n'admettent pas la prescription en toute matière. C'est ainsi qu'en Autriche elle ne suffit pas à éteindre les condamnations pénales. Le projet proposait cette réforme, mais la commission du Reischrath l'a repoussée. « L'anéantissement d'un jugement prononçant une condamnation pour cette seule raison que le coupable a réussi à échapper pendant un certain nombre d'années à l'exécution du châtiment, déclare-t-elle, apparaît comme une violation de l'idée de justice. Il suffit, dans les espèces les plus intéressantes, d'agir à l'égard de certains condamnés par voie de grâce ou d'amnistie ».

la condamnation encourue. Le Code d'instruction criminelle la fixe pour l'action publique à 10 ans, 3 ans, 1 an suivant qu'il s'agit de crimes,de délits ou de contraventions ; pour la peine à 20 ans, 5 ans, 2 ans suivant qu'il s'agit de condamnations criminelles, correctionnelles ou de simple police. Le projet de Code pénal (1) propose quelques modifications en ce qui concerne la prescription de la peine ; elle comportera notamment un double délai en matière correctionnelle : 10 ans si l'emprisonnement ou la détention est de 2 à 5 ans, 5 ans dans les autres cas (2).

Le délai de la prescription se compte par jours et non par heures. Ce point qui est certain fait précisément la difficulté de savoir si le *dies a quo* doit être compté. La jurisprudence consacre la négative (3); mais elle est combattue par un grand nombre d'auteurs. Les Codes étrangers, qui ont prévu la difficulté, sont divisés (4). Ces divergences prouvent la nécessité d'une règle formelle.

La prescription suppose l'inaction du ministère public ; que décider s'il agit en temps utile sans arriver au résultat final ou s'il se trouve dans l'impossibilité d'agir ? En d'autres termes, existe-t-il en droit pénal comme en droit civil des causes d'interruption et de suspension ?

(1) Les articles 93 et 94 du projet correspondent aux articles 637 et 638 du Code d'instruction criminelle. L'article 96 dispose : « L'exécution des peines se prescrit : 1° par vingt ans, en ce qui concerne la mort, l'emprisonnement perpétuel, l'emprisonnement ou la détention de plus de cinq ans, la relégation ; — 2° par dix ans, en ce qui concerne l'emprisonnement ou la détention de deux à cinq ans ; — 3° par cinq ans, en ce qui concerne l'emprisonnement ou la détention au-dessous de deux ans, l'amende au-dessus de 200 francs, et le placement dans un établissement de travail; — 4° par un an, en ce qui concerne les arrêts de police, l'amende n'excédant pas 200 francs, la confiscation spéciale et la publication du jugement ».

(2) Cette modification est empruntée à l'article 92 du Code pénal belge, qui élève la durée de la prescription à 10 ans lorsque la peine prononcée dépasse 3 ans.

(3) Cass., 2 février 1865 (S. 1865, 1, 329) ; 4 avril 1873 (D. 1873, 1, 221).

(4) Le Code de procédure pénale autrichien, art. 6, et le Code pénal italien, art. 98, décident qu'il ne faut pas compter le jour où le délai commence à courir. — La loi belge précitée dispose, au contraire, art. 24, « que le jour où l'infraction a été commise est compris dans le délai de la prescription ».

En ce qui concerne les causes d'interruption, il faut distinguer entre la prescription de l'action publique et la prescription de la peine.

Ni le Code d'instruction criminelle ni les projets ne prononcent le mot d'interruption ; il est certain cependant qu'ils organisent des moyens d'anéantir le temps qui a déjà couru au profit de l'inculpé, soit en matière criminelle et correctionnelle, soit en matière de simple police.

En matière criminelle et correctionnelle, les actes d'instruction et de poursuite suffisent à produire l'interruption, même lorsqu'ils sont dirigés contre une personne incertaine et qu'ils ne font pas l'objet d'une notification à l'inculpé. Cette règle, que n'admettent pas toutes les législations (1), est conforme au fondement de la prescription : tout acte d'instruction et de poursuite conservant le souvenir de l'infraction, le besoin de l'exemple subsiste. De cette constatation,il semble résulter que des actes successivement renouvelés pourraient indéfiniment retarder l'accomplissement de la prescription. Telle est, en effet, à défaut de texte précis, la solution de la jurisprudence française (2). Si le système des interruptions indéfinies peut se justifier, il n'en présente pas moins les plus sérieux inconvénients. Malgré la vigilance de la justice, le souvenir finit par disparaître, et il devient plus dangereux qu'utile de le rappeler. Aussi, plusieurs Codes étrangers, dont le projet ferait bien d'adopter le système, au lieu de reproduire la rédaction actuelle, ne tiennent-ils compte que des actes d'interruption accomplis pendant le premier délai (3).

(1) Le Code pénal allemand, art. 68, § 2, dispose : « L'interruption n'a lieu qu'à l'égard de celui des inculpés contre lequel l'acte a été dirigé ». — Le Code pénal italien, art. 96, exige que l'acte interruptif soit « légalement porté à la connaissance du condamné ».

(2) Cass., 24 mai 1884 (D. 1886, 1, 143).

(3) Ce système a été adopté par la loi belge précitée, contrairement à la jurisprudence antérieure : Cass. belge, 16 avril 1860 ; Bruxelles, 13 mars 1873 ; l'article 26 dispose : « La prescription ne sera interrompue que par les actes d'instruction ou de poursuite faits dans les délais de dix ans, trois ans, ou six mois, à compter du jour où a été commis le crime, le délit ou la contravention ». — Le Code pénal italien, art. 92, n'admet pas que le délai ordi-

En matière de simple police, la prescription n'est interrompue que par la condamnation. S'il y a appel, le tribunal de première instance doit statuer, soit dans l'année de la contravention, soit dans l'année de la notification de l'appel. Sur ces points, les textes sont précis ; ils gardent, au contraire, le silence sur les effets du pourvoi en cassation, et ce silence donne lieu à une vive difficulté (1) qu'il est étonnant de ne pas voir résolue par le projet.

Le Code d'instruction criminelle ne prévoyant aucune cause d'interruption ou de suspension de la prescription de la peine, il a fallu recourir à l'observation des principes généraux. Les peines se prescrivent parce qu'elles n'ont pas été exécutées ; elles ne sont donc interrompues que par leur mise à exécution. Ainsi, l'arrestation du coupable ne suffit pas à interrompre la peine de mort ; il faut que le condamné soit exécuté avant les vingt ans qui suivent l'arrêt de la Cour d'assises. Le projet de Code pénal (2) admet, au contraire, que « la prescription est interrompue par l'arrestation du condamné, même si elle a lieu en dehors du territoire de la France » (art. 99). C'est un changement à remarquer.

En ce qui concerne les causes de suspension, les règles sont les mêmes pour la prescription de l'action publique et pour la prescription de la peine. Dans l'état actuel du droit, en l'absence de toute disposition, la jurisprudence admet que l'obstacle de fait (3) aussi bien que l'obstacle de droit (4) empêche la pres-

naire puisse être prolongé de plus de moitié. Telle est aussi la règle de l'avant-projet du Code pénal fédéral suisse, art. 45, § 2 et 46, § 2.

(1) Quatre systèmes : 1° le pourvoi n'est ni suspensif, ni interruptif ; 2° il n'est pas interruptif, il est suspensif ; 3° il n'est pas suspensif, il est interruptif ; 4° il est suspensif et interruptif. La jurisprudence est en ce dernier sens : Cass., 21 juin 1878 (S. 1879, 1, 89 ; D. 1879, 1, 440) ; 16 avril 1880 (S. 1881, 1, 137 ; D. 1880, 1, 234) ; 9 juin 1888 (D. 1888, 1, 399).

(2) *Sic* : Code pénal belge, art. 96. — Le Code pénal allemand, art. 76, va plus loin ; il reconnaît l'effet interruptif à tout acte de l'autorité compétente tendant à l'exécution de la peine.

(3) Invasion à la suite d'une guerre : Trib. Lunéville, 13 juin 1871 (D. 1871, 3, 92) ; Cass., 9 décembre 1871 (D. 1871, 1, 358). — Démence : Cass., 8 juillet 1858 (D. 1858, 1, 431).

(4) Question préjudicielle : Cass., 11 décembre 1869 (D. 1870, 1, 41) ; 4 février 1876 (D. 1877, 1, 45) ; Cass., 24 août 1882 (D. 1882, 1, 485). — Durée du

cription de courir. Le projet, à l'exemple de divers Codes (1), dispose simplement : « Les délais de la prescription ne courent pas pendant le temps où la poursuite ou l'exécution est suspendue par la loi » (art. 98).

CHAPITRE XI. — De la réhabilitation.

Ce sujet se trouve également exposé dans le Code d'instruction criminelle et dans le projet de revision de ce Code. Entre les trois rédactions, il n'existe aucune différence importante (2).

Après être restée longtemps une prérogative du chef de l'Etat, la réhabilitation est devenue un acte exclusivement judiciaire. Malgré l'importance de ce changement, sa nature n'a pas changé : elle constitue toujours une faveur que le condamné peut se voir refuser, bien qu'il remplisse les conditions légales, Un projet de loi, dont le Parlement se trouve actuellement saisi, propose de la rendre obligatoire à l'expiration d'un délai de dix ans en matière criminelle et de six ans en matière correctionnelle (3). Cette réforme, plus audacieuse en apparence qu'en

délibéré : Cass., 4 décembre 1885 (D. 1886, 1, 343). — Inviolabilité parlementaire : Cour d'assises de la Seine, 30 octobre 1882. — Exécution de la première peine en France : Cass., 26 août 1859 (D. 1859, 5, 297) ; à l'étranger : Trib. Avranches, 1er mai 1891 et Caen, 4 juin 1891 (*Rev. prat. du dr. int. privé*, 1890-91, 415).

(1) Code pénal allemand, art. 69, complété par la loi du 26 mars 1893 qui statue spécialement sur l'immunité parlementaire ; Code pénal italien, art. 92, projet Code pénal russe, art. 59, 3° et 60, 2°. La loi belge, art. 27, établit cette règle pour la prescription de l'action publique, et la jurisprudence la suit pour la prescription de la peine ; voy. des applications récentes à propos de la loi du 31 mai 1888 : Gand, 21 janvier 1893 (*Pasicrisie*, 1894, 2, 267) ; *contrà*, Trib. Mons, 11 novembre 1890 (*Pasicrisie*, 1891, 3, 90).

(2) Les articles 100 à 112 du projet de Code pénal correspondant aux articles 619 à 630, 633 et 634 du Code d'instruction criminelle. Voici les seules modifications : aux expressions *peine afflictive ou infamante* se trouve substituée l'expression *peine correctionnelle*. Les paragraphes 2 et 3 de l'article 620 sont supprimés.

(3) Proposition déposée par M. Michelin à la Chambre des députés, le 20 février 1894, prise en considération le 10 mai 1894, votée en première lecture le 20 juin 1895.

réalité, ne soulèverait vraisemblablement pas d'inconvénient pratique.

La réhabilitation produit des effets plus énergiques qu'autrefois : la condamnation ne cesse pas seulement dans l'avenir ; elle se trouve rétroactivement anéantie. Il en résulte qu'elle peut être poursuivie dans l'intérêt purement moral du condamné, et, par conséquent, après sa mort. Cette solution, que la rédaction ambiguë des textes laisse seule indécise, demanderait à être résolue en termes exprès.

Parmi les conditions de la réhabilitation, il en est une qui a soulevé les plus sérieuses difficultés : l'exécution intégrale de la peine lorsqu'elle n'a pas fait l'objet d'une remise à titre de grâce. La Cour d'Orléans, dans son arrêt du 14 avril 1886 (1), a admis la demande d'un individu qui, ignorant la condamnation par défaut prononcée contre lui, avait laissé s'accomplir la prescription. La Cour d'Aix a été plus loin : d'après son arrêt du 8 novembre 1888 (2), l'oubli ou l'erreur du Ministère public qui ne requiert pas l'exécution du jugement, constitue une excuse suffisante. Assurément on ne peut reprocher à personne d'ignorer la condamnation prononcée hors de sa présence, et humainement parlant, il est bien difficile de faire un grief au condamné qui ne rappelle pas sa situation à l'autorité compétente. Mais, si les décisions précédentes se trouvent fondées en équité, elles ne laissent pas que de prêter à la critique pour qui les examine au point de vue des textes, et il faut bien reconnaître que l'arrêt de la Cour de Douai, en date du 9 novembre 1893 (3), applique exactement le droit positif en repoussant toute distinction. C'est la rigueur de ce droit qu'il faudrait atténuer, et la réforme semblera d'autant plus utile si l'on considère que le condamné n'a pas d'autre moyen de mettre fin aux incapacités qui le frappent. Faut-il ajouter que la prescription de l'amende, par une singulière anomalie, n'empêche pas la réhabilitation (4) ? Pourquoi cette exception

(1) D. 1886, 2, 269.
(2) D. *Rép.*, *Suppl.*, V° *Réh.*, n. 17, note 1.
(3) *Gazette des tribunaux* du 8 janvier 1894.
(4) Voy. Circulaire du Garde des Sceaux, 14 octobre 1885.

ne deviendrait-elle pas la règle générale ? Aucune raison juridique ne s'y oppose.

CONCLUSION

Après avoir examiné le projet de réforme du Code pénal article par article, il ne nous reste plus qu'à résumer, en quelques mots, une appréciation générale. A cet égard, une distinction s'impose.

L'organisation du régime pénitentiaire avec ses divers compléments est fort remarquable. L'antique notion de la peine léguée par les siècles n'avait d'autre but que la vengeance et la rigueur. Aujourd'hui, l'humanité montre d'autres tendances : la société ne cherche pas seulement à assurer la répression du méfait ; elle veut encore préparer le relèvement moral du condamné et le ramener à la vie utile. Les nouvelles dispositions sont rédigées en vue d'assurer la réalisation pratique de cette grande conception sociale.

Les théories légales relatives à l'infraction et à la criminalité, bien que supérieures à celles qu'elles doivent remplacer, ne se trouvent pas toujours à l'abri de la critique. La commission a plutôt cherché à améliorer le droit existant et à en corriger les principales imperfections qu'à faire œuvre d'originalité. Sans aller jusqu'à la hardiesse de certaines théories modernes, elle aurait peut-être pu entrer plus largement dans la voie des innovations. Une loi récente, qui, à juste titre, porte le nom de son auteur, la loi Bérenger, prouve qu'il ne faut pas les craindre. Il serait à désirer que le nouveau Code pénal dans son ensemble rencontrât une faveur pareille, et conservât au droit français sa légitime influence.

TABLE DES MATIÈRES

Les rubriques en italique sont celles que nous avons dû introduire pour la clarté du commentaire.

Pages

Introduction 5

TITRE PREMIER

DES INFRACTIONS EN GÉNÉRAL ET DES PEINES.

CHAPITRE I. — *De la classification générale des infractions* 7

CHAPITRE II. — *De l'empire des lois pénales dans le temps* 9

CHAPITRE III. — *De l'empire des lois pénales dans l'espace* 10

CHAPITRE IV. — *De l'étendue d'application du Code pénal* 20

TITRE II

DES PEINES.

CHAPITRE I. — **Des peines et de leur mode d'exécution.** 20

§ 1er. Mort 22
§ 2. Emprisonnement 25
§ 3. Détention 29
§ 4. Arrêts de police 29

Observations communes aux paragraphes 2, 3 *et* 4 30

§ 5. Amendes 30
§ 6. Relégation 31
§ 7. Interdiction des droits 34
§ 8. Interdiction de séjour 35
§ 9. Placement dans un établissement de travail 35
§ 10. Confiscation 37
§ 11. Publication du jugement 37

Observations communes aux paragraphes 6, 7, 8, 9, 10 *et* 11. 37

CHAPITRE II. — **Du calcul de la durée des peines** 38

CHAPITRE III. — **Des autres condamnations qui peuvent être prononcées à l'occasion des crimes, délits et contraventions** 40

CHAPITRE IV. — **De l'interdiction légale** 41

Pages

CHAPITRE V. — **Des circonstances qui excluent, atténuent ou aggravent les peines** 43

§ 1. *De la démence.* 43
§ 2. *De la légitime défense.* 49
§ 3. *De la contrainte.* 51
§ 4. *De l'ordre de la loi et du commandement de l'autorité légitime* 51
§ 5. *De l'ignorance et de l'erreur.* 52
§ 6. *De la minorité* 52
§ 7. *Des excuses.* 59
§ 8. *Des circonstances atténuantes.* 59
§ 9. *De la récidive* 62

CHAPITRE VI. — **Du pardon, du sursis à l'exécution et de la libération conditionnelle** 67

§ 1. Du pardon 69
§ 2. Du sursis à l'exécution. 70
§ 3. De la libération conditionnelle 73

CHAPITRE VII. — **De la participation aux crimes et aux délits.** 75

CHAPITRE VII. — **De la tentative.** 80

CHAPITRE IX. — **Du concours de faits punissables.** 82

CHAPITRE X. — **De l'extinction de l'action publique et de la prescription.** 84

§ 1. *Du décès* 84
§ 2. *De la prescription.* 85

CHAPITRE XI. — **De la réhabilitation** 89

Conclusion 91

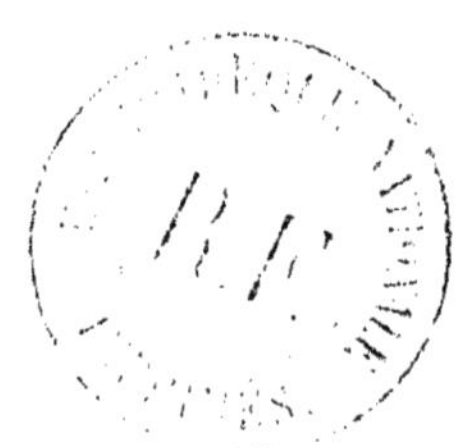

Imp. G. Saint-Aubin et Thevenot. — J. Thevenot, successeur, Saint-Dizier (Haute-Marne).

www.ingramcontent.com/pod-product-compliance
Ingram Content Group UK Ltd.
Pitfield, Milton Keynes, MK11 3LW, UK
UKHW020930180726
13838UKWH00002B/859

9 782329 398785